Lorelies Singerhoff

Kinder
brauchen Sinnlichkeit

Die Bedeutung und Förderung
kindlicher Sinneswahrnehmung

BELTZ
Taschenbuch

Beltz Taschenbuch 808

© 2001 Beltz Verlag,Weinheim und Basel
Umschlaggestaltung: Federico Luci, Köln
Umschlagabbildung: © Bavaria Bildagentur, München
Satz: Satz- und Reprotechnik GmbH, Hemsbach
Druck und Bindung: Druckhaus Beltz, Hemsbach
Printed in Germany

ISBN 3 407 22808 2

Inhalt

5. Kapitel
Wahrnehmungsstörungen 78

6. Kapitel
Sinnliche Erfahrungen
bei Kindern fördern 90

Vorwort

Kinder sind sinnlich. Kinder sind sinnvoll, im wahrsten Sinne des Wortes. Sie leben aus vollen Sinnen. Sie erleben zu lassen heißt gleichzeitig, sie leben zu lassen. Menschen sind Sinneswesen, die in der Sprache beheimatet sind. Wenn wir keine sinnlichen Erfahrungen machen können, haben wir auch nichts zu sagen.

Kinder leben aus dem Reich der Sinne. Wenn wir Erwachsene das unterschätzen, verhindern und gering achten, dann zerstören wir die Sinnlichkeit. Damit entziehen wir den Kindern Leben. Sie überleben das zwar, aber sie zahlen einen hohen Preis dafür: Unwohlsein, Stress, Krankheiten und Lebensängste.

Lebensentzug ist ein Mangel an Lebenserfüllung. Er entsteht durch den Mangel an menschlichen Beziehungen zu sich selbst, zu anderen Menschen, zu den Dingen der Welt und vor allem zur Natur.

Erwachsene neigen dazu, sinnliche Erfahrungen zugunsten von Denken, Rationalität, Sprache und Intellektualität aufzugeben. Kinder brauchen aber leibhaftige, sinnliche Erfahrungen, weil sie daraus leben. Ihr Verhalten, ihre ganze Einstellung zum Leben steht in einem direkten Zusammenhang zu dem sinnlichen Erleben, das ihnen ermöglicht wird.

Im Leben eines Kindes gehören Sinnlichkeit und Sinngeben zusammen. Während sie mit ihren Sinnen spielerisch umgehen, finden sie Lebenssinn. Sinneserfahrungen sind also keineswegs isolierte Erfahrungen eines oder mehrerer Sinnesorgane. Sie sind Mitsein, Mitleben und Dabeisein. Sie sind ein spielerisches Welterfahren und Nachvollziehen.

Es darf daher nicht sein, dass wir die Sinnlichkeit unserer Kinder unbeachtet verkümmern lassen. Die sinnliche Verarmung und der Verlust der Kinder an ungeplanter Eigentätigkeit sollten Alarmsignal genug sein, um der »Sinneserziehung« wieder Raum zu geben. Die Wiederentdeckung der Sinnlichkeit für das Kind bedeutet Steigerung seiner Lebensqualität. Und mit Lebensqualität können wir nur dann etwas anfangen, wenn wir unsere Sinneswahrnehmungsfähigkeiten nicht verloren haben.

Dieses Buch will ein Beitrag dazu sein, die Sinnlichkeit wieder als Bestandteil in eine Erziehungsauffassung vom ganzheitlichen Erleben und Lernen zu integrieren.

1. Kapitel

Das sinnliche Kind

Der Mensch erwacht über seine Sinne und seine Sinnlichkeit. So wird das Kind am Anfang seines Lebens von den Erfahrungen seiner biologischen Vorgänge voll und ganz beherrscht. Es erlebt und erfährt völlig neue Empfindungen. Es lernt über seine Sinneswahrnehmungen nicht nur sich selbst Schritt für Schritt besser kennen, sondern auch die anderen und seine Umgebung.

Das Neugeborene schmeckt die süße Milch seiner Mutter, erkennt sie schon gleich nach der Geburt an ihrer Stimme und dann sofort an ihrem Geruch. Es lebt in einer ausschließlichen und prall gefüllten Welt der Sinneseindrücke.

Erfährt das Baby seine Sinneserlebnisse anfangs noch mehr oder weniger passiv, so äußert sich seine Sinnlichkeit als Kleinkind in einer schier unglaublichen Vielfalt und Kreativität. Es zwirbelt fasziniert die Spaghetti zwischen den Fingern, um dann ausgesprochen hübsche Muster auf dem Tischtuch damit auszulegen.

Kinder springen mit Schwung in die Regenpfützen und popeln konzentriert in der Nase, um gleich darauf das Ergebnis genaustens zu analysieren.

Sie kugeln sich voller Wonne im Schnee, strecken die Zunge aus, um die Schneekristalle aufzufangen, und hören dem Regen zu, der seine Melodie auf das Dach trommelt. Sie riechen an allem und jedem, befühlen alles mit großer Akribie, streichen das Badezimmer mit Hautcreme ein – muss ja gut sein, wenn Mama sich das ins Gesicht schmiert – und kitzeln sich, bis es fast schon wehtut.

Kinder sind sinnlich. Sie leben und spielen sinnlich und spielende Kinder sind lebendig gewordene Freude am Leben. Sie lassen sich auf das Leben ein und genießen es, vorausgesetzt, wir Erwachsene reagieren nicht entrüstet, wenn sie die Hosen herunterlassen, um ihre Sommersprossen zu zählen. Oder wir unterbrechen ihr sinnliches Spiel, weil es mal wieder Zeit ist, in den Ballettunterricht zu fahren. Und überhaupt: Immer diese Wäsche, macht euch doch nicht so schmutzig!

Die Kontrolle über das sinnliche Erleben setzt meist sehr früh ein. Die kognitive Erziehung, der Intellekt und die vielen zur Förderung gedachten Aktivitäten werden nun zu Gegenspielern der kindlichen Sinnlichkeit. Manchmal viel zu früh, oft auch viel zu intensiv.

Warum sollte ein gesunder Mensch nicht intelligent und sinnlich sein können? Wir bestehen nicht nur aus Kopf und Bauch. Letzteres meint ein eher diffuses Gefühlsleben, ohne Empfindungen wirklich benennen zu können. »Das sage ich jetzt mal so aus dem Bauch.« Wir haben auch eine Nase, eine Zunge, Hände, Ohren und vor allem: Haut. Ein Mensch, dessen Sinnlichkeit nicht frühzeitig verkrüppelt wurde, behält ein Gespür für einen unwiederbringlich schönen Augenblick in seinem Leben. Seine Seele bleibt lebendig, pulsiert voller Leben, anstatt blutarm und ausgestattet mit den Ersatzkrücken der Leistungs- und Konsumgesellschaft müde durch das Leben zu hinken.

Fast jeder Erwachsene wird für einen Moment wehmütig, wenn er von Erlebnissen seiner Kindheit spricht. Das raue Streifen der Kornhalme an den kleinen Kinderbeinen, wenn man durch das Kornfeld streifte, um die Roggenmuhme zu suchen oder Kornblumen zu pflücken, um daraus Limonade zu machen. Die heißen Sommerferien, die einem so unendlich lang vorkamen. Und der Geruch, wenn frisches Brot gebacken wird, der sofort eine ganze Serie Kindheitserinnerungen aktiviert, wenn wir durch ein Treppenhaus gehen, in dem gerade dieser

Geruch hängt. Die Wehmut kommt nicht allein nur daher, dass wir das Gefühl haben, unser Leben verrinnt, sondern auch daher, dass viele von uns die Fähigkeit zu leben und intensiv zu empfinden verloren haben.

Aber vielleicht ist das gar nicht notwendig.

Vielleicht leuchtet uns ein, dass es sich wirklich lohnt, dieses »Instrument« Sinnlichkeit, das Kinder haben, ja, das sie selbst sind, zu erhalten und es nicht dem Zeitgeist als Opfergabe auf den Tisch zu legen.

Sinnlichkeit und Intelligenz schließen sich nicht aus. Selbst Goethe hielt die Sinneserfahrungen nicht für ausschließliche oberflächliche Reize, sondern für eine Möglichkeit, die Dinge um uns herum erfassen zu können, wie es kein technisches Gerät kann.

Die sinnlichen Spiele der Kinder sind immer auch Kontaktspiele. Darin wird der Kontakt zu sich selbst, zu den Mitmenschen und zu den Dingen um sie herum aufgenommen. Diese Spiele sollten nicht verhindert oder abgebrochen, sondern kultiviert und in gesellschaftlich akzeptable Bahnen gelenkt werden.

Der Körper des Kindes ist sein erster Lehrmeister im Leben. Er spricht eine unmissverständliche deutliche Sprache, die jedes Kind versteht. Die Sinne melden dem Kind, was es gerade erfährt, aber sie warnen es auch. Dieser Baum ist zu hoch für dich. Dieser Abhang ist zu steil, um mit dem Schlitten hinunterzusausen. Ein Kind, das ungestört sinnliche Erfahrungen machen darf, ist sehr bald vertraut mit den inneren Warnungen. Es richtet sich danach und erlangt dadurch immer mehr Selbstsicherheit. Ein sinnesgeübtes Kind, das zum Beispiel von klein auf balancieren durfte, auch über einen Baumstamm, der über einen Bach gelegt war, hat seinen Gleichgewichtssinn so trainiert, dass es später eben nicht so leicht von einer hohen Mauer oder einem Spielgerät herunterfällt.

Je mehr Möglichkeiten kleinen Kindern geboten wird, sich in

sinnliche Abenteuer mit Schlamm, Sand oder Wasser zu stürzen, desto früher bringen sie das grobsinnliche Stadium hinter sich und interessieren sich immer mehr für die feinen, detaillierten sinnlichen Eigenschaften im Leben.

Obwohl alle Kinder sinnlich sind, hat die Sinnlichkeit doch einen unterschiedlichen Stellenwert in ihrem Leben. Hat ein Kind eine ganz besondere Begabung, sei es nun im musikalischen oder sportlichen Bereich, dann wird diese besondere Fähigkeit recht schnell einen wichtigen Platz in seinem Leben einnehmen und andere sinnliche Erfahrungen verlieren an Bedeutung. Ein sinnliches Kind geht mit seiner Nase, seinem Mund, seinen Ohren und seinen Händen an alles heran und sucht eine Verbindung, die ihm entweder Lust verschafft oder Erkennen der Zusammenhänge. Weniger sinnliche Kinder zeigen mehr Distanz beim Herangehen an ihre Umwelt.

Es gibt allerdings auch Situationen, in denen wir uns vom Gewährenlassen distanzieren müssen. Immer dann, wenn der Erlebnisgewinn in keinem Verhältnis zum Gefahrenrisiko oder zu einem hohen Aufwand an Beaufsichtigung steht, sollten wir das Kind stoppen und nach einer Alternative suchen. Der kleine Mensch ist bezüglich seiner Glücksziele nicht nur vielfältig, sondern auch flexibel. Wir Erwachsene dagegen brauchen einiges an Fantasie, um uns wirklich sinnliche Abenteuer einfallen zu lassen.

Sinne und Sinnlichkeit

»Nichts ist im Verstand, was nicht vorher in den Sinnen war.«
(John Locke, Philosoph, 1632–1704)

Die Wahrnehmung ist ein aktiver Vorgang, bei dem das Kind
mit allen seinen Sinnen seine Umwelt kennen lernen kann. Mit
allen seinen Sinnen trifft es auf Lebewesen und Dinge, die es
hören, fühlen, riechen und schmecken oder sich mit ihnen voller Freude bewegen kann. Über die Sinne nimmt das Kind die
Eindrücke seiner Umwelt auf und erkennt die Zusammenhänge
zwischen ihr und sich selbst. Das Fassen ist immer auch ein Erfassen. Bevor ein Kind sich sprachlich mitteilen kann, gewinnt
es Wissen aufgrund seiner Wahrnehmungs- und Bewegungserfahrungen. Nur so können Zusammenhänge erkannt werden.
Um dieses Wissen zu ermöglichen, braucht das Kind eine Umwelt, die ihm genug Raum für Aktivitäten und eigenes Handeln,
für die Erprobung aller seiner Sinne anbietet.

Kinder wollen sich ihre Umwelt mit allen Sinnen einverlei-
ben. Sie wollen Krach machen, schreien und stampfen oder
auch mal ganz still zuhören, wenn die Eltern abends vorlesen.
Kinder brauchen Farben, verschiedene Formen, um die Dinge
zu unterscheiden. Sie wollen alles befühlen, um zu erfahren, ob
ein Gegenstand warm oder kalt, rau oder glatt, weich oder hart
ist. Sie wollen aber auch riechen und schmecken, klettern und
springen, weglaufen und gefangen werden. Und wie gut tut es,
wenn man gestürzt ist und die Mutter es liebevoll in die Arme
nimmt und zärtlich streichelt.

Der konkrete Umgang mit den Menschen und den Dingen der
Welt ermöglicht es Kindern, aus ihren Handlungen heraus innere Bilder aufzubauen. Und dazu sind Gelegenheiten zum Ausprobieren, Suchen, Staunen, Zweifeln wichtig, um Erfahrungen

mit ihrer Welt zu sammeln. Ist das nicht ein Wunder? Gestern war die Wiese noch mit Wasser überschwemmt und heute glitzert eine Eisfläche darauf, in die man herrliche Löcher hineinstampfen kann. Kleine Eisschollen werden mit nach Hause genommen und – wie seltsam – am nächsten Tag sind sie verschwunden und haben eine Wasserlache hinterlassen. Die Realität muss gespürt werden können, damit Ereignisse nachvollzogen und Zusammenhänge begriffen werden können. Auf diese Weise lernen Kinder die Welt kennen und verstehen und schaffen sie damit für sich selbst wieder neu.

Das sinnliche Sicheinlassen auf die Welt ist zugleich auch immer sinnvoll. Erwachsene verstehen das nicht immer. Das Spielen in einer Pfütze ist ja nicht nur ein sinnliches Vergnügen, sondern es geht dabei auch um ganz wichtige Fragen. Wie tief ist das Wasser? Hat die Pfütze einen festen Grund oder versinke ich im Schlamm? Wie fühlt es sich an, wenn ich ganz nass werde? Wenn ich mich in die Pfütze stelle, läuft mir das Wasser dann in die Gummistiefel und ist die Pfütze dann leer?

Ich habe einmal einen $2^1/_2$-jährigen Jungen beobachtet, der saß bis zur Hüfte in einer großen, schlammigen Pfütze und goss sich mit einem kleinen Spieleimer immer wieder die schlammige Brühe über den Kopf. Sein Gesicht strahlte vor Glückseligkeit und seine Mutter, die das Ganze von der Terrasse aus beobachtete, lachte und ließ ihn gewähren.

Bei sinnlichen Spielen stören die Erwachsenen häufig. Sie begreifen nicht, dass es hier nicht um Hygiene, Sauberkeit, Nässe oder Bakterien geht, sondern um ganz wesentliche existenzielle Erkenntnisse. Die sinnlichen Erfahrungen des Kindes verwandeln sich in Erkenntnisse und umso anregender die Umgebung des Kindes gestaltet ist, desto aktiver wird es zum Handeln herausgefordert.

Der Motor der Entwicklung ist die Neugierde. Bleibt sie geweckt, so werden die vielfältigen, sinnlich-intensiven Eindrücke gespeichert und verarbeitet und entwickeln sich zu Erkenntnisen, auf die das Kind in anderen Situationen immer wieder zurückgreifen kann.

Sinnlichkeit ist auch gleichzeitig Besinnung. Wenn Erwachsene sich plötzlich über ihre Sinne oder einen ganz speziellen Sinn besonders angesprochen fühlen, hat das meist mit einem sehr intensiven, sinnlichen Erlebnis aus der frühen Kindheit zu tun. Die Erinnerungen an die Kindheit liegen im Unterbewusstsein und tauchen durch sinnliche Erfahrungen plötzlich wieder auf. Erinnerungen an die eigene Lebensgeschichte sind eine Besinnung auf frühe Erlebnisse und Erfahrungen.

Die ganze Kindheit besteht aus Sinneseindrücken und -erlebnissen, wenn Erwachsene Kindern diese sinnlichen Erfahrungen ermöglichen. Und das ist es, was wir für unsere Kinder nicht verloren gehen lassen dürfen: die Sinnlichkeit der Kindheit. Denn nichts prägt und beeinflusst ein Kind intensiver als seine Erfahrungen in den ersten zehn Lebensjahren.

Um die Sinnlichkeit lebendig zu halten und zu fördern, brauchen die Sinne Anreize und Übungen. Werden sie nicht benutzt, stumpfen sie ab wie ungebrauchte Werkzeuge.

Wenn die Sinne ausfallen

In einer Studie für Astronauten in den USA versuchte man durch Lahmlegung aller Sinnesorgane herauszufinden, wie der Organismus darauf reagiert. Unter der Erdoberfläche wurde ein erschütterungsfreies Wasserbecken angelegt und mit Wasser gefüllt, das die gleiche Temperatur wie das Blut der Testpersonen hatte. Die Körper der Probanden waren restlos in Watte gehüllt, um alle Hautfunktionen lahm zu legen. Außerdem herrschte eine absolute Licht- und Lautlosigkeit. Die Reaktionen aller Organe wurden auf Monitoren verfolgt. Bereits nach fünfzehn Minuten musste der Versuch abgebrochen werden, weil die Testpersonen mit Beklemmungen, Halluzinationen und einem Verlust ihres Raum-Zeit-Empfindens reagierten. Eine Störung im Zwischenhirn bewirkte ein Versagen der Versorgung des Nervensystems mit Hormonen. Der Zustand der Personen wurde lebensbedrohlich. Es fehlte die Auseinandersetzung der Sinne mit der Außenwelt.

In den ersten Lebensjahren brauchen Kinder viele und verschiedene Sinneserfahrungen, damit die Verarbeitungsprozesse in ihrem Gehirn trainiert werden und sie die Möglichkeit haben, durch die Sinne aufgenommene Information optimal auswerten zu können.

Menschen erfahren die Realität nur dadurch, dass sie sich mit ihr auseinander setzen; sie hören, sehen, fühlen. Auf diese Weise gewinnen sie eine Fülle an Erfahrung, die ihnen als Werkzeug zur Verfügung steht, damit sie nicht in jeder Situation etwas neu probieren müssen, und somit Kapazitäten für neue Erfahrungen blockiert oder eingeschränkt werden.

Die ständige Wiederholung der Erfahrungszusammenhänge wird also überflüssig und das Kind kann vom Entdecken der Dinge zum Verwenden derselben übergehen.

Was aber geschieht, wenn diese ersten Erfahrungen im Bereich der Sinnlichkeit eingeschränkt werden oder sogar ausbleiben? In unserer Gesellschaft jedenfalls bleibt den Kindern und Heranwachsenden kaum noch Zeit zum Entdecken und Erfahren. Die Gesellschaft drängt ihre Mitglieder gleich zum Verwenden. Fast jeder Erwachsene kennt Kinder und Jugendliche, die in Windeseile ein Bilderbuch oder einen Comic konsumieren. Schüler, die auf Wanderungen in der Natur nicht mehr auf Pflanzen, Bäume und Tiere achten und den Vogelgesang schon gar nicht mehr hören. Abgestumpfte Sinne brauchen sehr starke Anreize. Der Mangel an Primärerfahrungen führt zu einer armseligen Erlebnisfähigkeit aus zweiter Hand und verhindert das Ausbilden eigener Urteilskraft.

Im Leben des Kindes bilden Sinnlichkeit, Sinne und Sinn eine starke Einheit. Sinnliche Erfahrungen stiften Lebenssinn. Das »Nach-Sinnen« ist nicht isoliert zu sehen. Es ist immer auch Mitsein und Mitleben und Dabeisein. Je mehr Raum ein Kind erhält, um seine Sinne zu gebrauchen, desto mehr Erfahrungen kann es sammeln. Seine Welt und das Interesse daran wird größer. Es wird sich seiner eigenen Lebendigkeit bewusst und erfährt dabei, was Glück ist.

Kinder sind sinnreiche Wesen, mit sehr feinen Antennen für Wahrnehmungen. Ihr scheinbar sinnloses Spiel bekommt auch für den Erwachsenen sinnvolle Strukturen, wenn er sich auf die Erlebnisstufe eines Kindes einlassen kann. Da das ganzheitliche körperlich-sinnliche Erleben in der heutigen Zeit viel zu kurz kommt, besteht die Gefahr, dass sich kindliche Sinneswahrnehmung überwiegend auf das Sehen und Hören konzentriert. Körperliche Erfahrungen treten in den Hintergrund. Doch ein Kind braucht Anreize für sämtliche Sinnesorgane, damit sie nicht verkümmern, sondern sich weiterentwickeln können.

Die Sinne laufen Gefahr, aus der Übung zu kommen, und deshalb ist es wichtig, dass Kindertageseinrichtungen sich verstärkt um die Sinneserziehung bemühen, um die Alltagsdefizite auszugleichen. Die körperlichen Betätigungsbedürfnisse von Kindern können gar nicht hoch genug eingeschätzt werden.

Im zweiten Kapitel werden die einzelnen Sinne zwar getrennt beschrieben, aber diese Trennung ist nur eine theoretische. Sinneswahrnehmung ist immer ein ganzheitlicher Prozess, an dem mehrere Sinnessysteme beteiligt sind. Die Entwicklung der kindlichen Sinneswahrnehmung kann als ein komplexer Prozess angesehen werden, in dessen Verlauf sich die Sinnesleistungen immer mehr differenzieren. Eine angeleitete, bewusste Sinneserziehung wird dann nötig, wenn den Kindern nicht mehr genügend Entdeckungs- und Erlebnisräume im Alltag zur Verfügung stehen. Neben dem konkreten Spielangebot sollte Kindern aber immer auch ein Freiraum für eigene Entdeckungen und Erfahrungen erhalten bleiben.

Vorurteile gegen die Sinnlichkeit

Über die Sinnlichkeit von Kindern zu sprechen fällt heute leichter als vor noch nicht allzu langer Zeit. In den letzten hundert Jahren war der Begriff ein wenig in Verruf geraten, weil er sehr einseitig verstanden wurde. So wurden die Begriffe »Sinnlichkeit« oder »sinnlich« im prüden neunzehnten Jahrhundert, dann während der Blütezeit der Psychoanalyse und später im Zusammenhang mit der so genannten »Sexwelle« der sechziger Jahre ausschließlich mit der Sexualität in Zusammenhang gebracht. Und immer schwang dann für die meisten auch ein wenig Negatives mit wie Wollust oder Begierde, was abgewehrt werden musste. Aus diesem Grunde wurde der Raum für die kindliche Sinnlichkeit und die Möglichkeit, darin sinnliche Erfahrungen zu sammeln, immer mehr abgewertet. Sinnlichkeit aber ist viel weiter zu verstehen und bedeutet Sinnhaftigkeit, Sinnvolles, Sinniges und Besinnung.

Menschen sind im Grunde genommen in der Sprache beheimatete Sinneswesen. Aber wenn wir nichts durch unsere Sinne erleben, dann haben wir uns auch nichts zu sagen. Kinder leben aus dem Erleben heraus und das Reich der Sinne liegt *vor* dem Reich der Sprache. Wir Erwachsenen neigen leider dazu, die Sinnlichkeit zu unterschätzen, zu übergehen oder sogar zu zerstören. Wir verkraften das zwar halbwegs, aber der Preis dafür ist außerordentlich hoch: Krankheit, Medikamentenabhängigkeit, Stress, Unwohlsein, Flucht in den Alkohol oder in die Drogenszene. Auch wenn der industrialisierte »Erlebnis«-Markt eine Fülle von Angeboten bietet, ist unsere Gesellschaft doch so eingerichtet, dass sie den Entzug von sinnlichem Erleben schon bei Kindern eher begünstigt.

Ein Kind braucht für seine gesunde Entwicklung Erde, Luft, Feuer, Wasser, Dreck, Tiere, Bäume, Wiesen, andere Kinder und viel Spiel-Raum. Natürlich wächst es auch auf asphaltierten Höfen und Straßen auf, in pflegeleichten, absolut sterilen Wohnungen mit Teppichboden und mit Tierfilmen im Fernsehen statt mit wirklichen Tierkameraden, für die es sorgen muss und die es lieben kann. Es überlebt diese Umweltbedingungen, aber es wird kaum in der Lage sein, bestimmte soziale Fähigkeiten zu erlernen, zum Beispiel das Gefühl der Zugehörigkeit zu einem Ort oder die Ausrichtung auf einen bestimmten Lebenssinn. Der Entzug von sinnlichem Leben wird hier verstanden als Mangel an Erfüllung. Und dieser Mangel entsteht durch Beziehungsarmut zur Natur, zum eigenen Körper, zu Dingen und zu anderen Menschen. Dieser Mangel an sinnlichem, beziehungsreichem Leben drückt sich später in Beziehungslosigkeit aus. In emotionaler Indifferenz, gestörtem Verhältnis zum eigenen Körper, einer Rohheit in Gefühlsbeziehungen, Interessenlosigkeit und unter Umständen auch in einem ausgeprägtem Zerstörungsdrang.

Ein Biotop ist gleichzeitig auch immer ein Psychotop. Im sinnlichen Erleben bildet sich unser Selbst und damit unsere Liebesfähigkeit oder -unfähigkeit. Rationalität und technische Fertigkeiten fordern beim Heranwachsen unserer Kinder natürlich ihren Preis. Leider wird darüber gern vergessen, dass Kinder lebensnotwendig auf sinnliche Erfahrungen angewiesen sind. Gestilltwerden und die Erfahrung von Hautkontakt sind die ersten wichtigen sinnlichen Erfahrungen, die das Kind außerhalb des Mutterleibes nach der Geburt erfahren darf.

Aber wie geht es weiter?

Unsere heutige Erwachsenenwelt kann als eine Kulturwelt des

Besitzindividualismus bezeichnet werden. Sie ist eine Welt der Arbeit, des Marktes, der Konkurrenz, des Zeitmangels, des Konsums, der Suche nach Selbstverwirklichung des Individuums und der Höchstgeschwindigkeiten. Unsere Erwachsenenwelt nimmt früh Einfluss auf die Kinderwelt. Denken Sie nur an den täglichen Weg in den Kindergarten. Aus Zeitmangel muss es meist sehr schnell gehen. Die Eltern müssen zur Arbeit oder haben andere wichtige Termine. Das Kind wird ins Auto gepackt und schon sausen Mutter oder Vater mit ihm los. Und während das Kind aus dem Fenster schaut, rast seine Welt draußen an ihm vorbei. Unerlebbar geworden durch die Erwachsenenwelt. Wie anders dagegen wäre ein Spaziergang oder eine Fahrt mit dem Fahrrad. Das Kind würde den Weg zum Kindergarten unter den Fußsohlen fühlen. Es könnte je nach Jahreszeit Blumen und Büsche sehen, befühlen und riechen. Unterwegs trifft es vielleicht sogar auf einen Vogel, eine Schnecke oder einen Hund, der unbedingt begrüßt werden muss und den man nun schon von vielen anderen Spaziergängen zum Kindergarten kennt. Es gibt Sonne und auch mal Regen und so viel zu entdecken.

Wenn man das Kind lässt, dann feiert es eine Welt mit allen Sinnen. Es ist keine »verschenkte« Zeit oder Zeit, die fürs Lernen verloren geht, wenn wir Kindern ihre eigenen Körpererfahrungen machen lassen. Selbst reguliertes Erleben hat eine ganz andere Qualität als die von der Freizeitindustrie angebotenen Erlebnishäppchen. Der Freizeitmarkt animiert zu kaufbaren Erlebnissen, die Selbsttätigkeit und Selbstbewegung weitgehend ausschließen.

Aber Kinder begreifen die Welt zunächst mit dem Mund, mit den Händen, im Zusammenspiel aller Sinneswahrnehmungen. Erst dann können sie die Welt auch durch Worte verstehen. Kindern für sinnlich-sinnhaftes Tun Freiräume zu lassen ist die beste Grundvoraussetzung für ein gelungenes, glückliches und verantwortungsvolles Leben.

2. Kapitel

Die Entwicklung der Sinnesorgane

In den ersten Wachphasen des Babys beginnen die Eltern automatisch mit ihrem Kind zu spielen. Farbige, leuchtende oder klingende Gegenstände kann der Säugling mit den Augen fixieren und auch verfolgen, wenn sie sich langsam bewegen. Ein klirrender Schlüsselbund ist für das Baby genauso interessant wie ein bunter Luftballon, eine Rassel oder eine Spieluhr. Das Spiel mit allen Sinnen ist bei Babys ausgesprochen beliebt. Dazu brauchen sie nicht ständig die Eltern als Animateure, sondern sie können sich durchaus selbst vergnügen. Beim Spazierengehen betrachten sie den Himmel oder schauen ihrem tanzenden Mobile über dem Bettchen zu. Wenn es ihnen zu langweilig wird, melden sie sich.

Das spannendste Sinnesorgan für das Baby ist seine Haut. Über die Haut erlebt das Kind, ob etwas warm oder kalt, weich oder hart, trocken oder nass, zärtlich oder grob ist. Schmusen, Baden, Abtrocknen, Streicheln, Eincremen und Wickeln machen nicht nur Riesenspaß, sondern gehören auch zum Lernen dazu. Es gibt dabei so viel zu entdecken und erfahren. Düfte, Geräusche, Berührungen, Wärme und Wohlbefinden werden dabei vermittelt. Diese ganze Palette an Eindrücken wird über die Nervenstränge in das Zentralnervensystem geleitet und dort im Gedächtnis gespeichert.

Fünf Sinne, die verbunden sind mit einem Organ, hat der Mensch. Manche haben darüber hinaus einen »sechsten Sinn«, zu dem kein Organ gehört und der im metaphysischen Bereich angesiedelt ist.

Die fünf Sinne des Menschen sind:

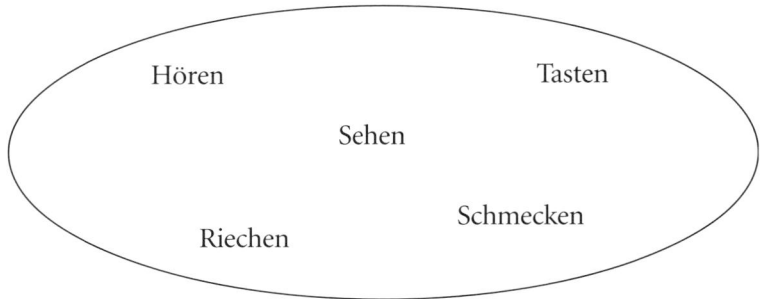

Die Grundlage, sozusagen der Vater aller Sinne, aber ist der Gleichgewichtssinn. In der Fachliteratur werden oftmals noch weitere Sinnesgebiete genannt, die jedoch nicht durch ein eigenes Organ zu erkennen sind und daher nicht den »klassischen« Sinnesorganen zugerechnet werden.

Vom ersten Tag seines Lebens an sind die Sinne des Kindes funktionsfähig, allerdings entwickelt sich die Koordination der Sinne erst in den folgenden Wochen und Monaten. Maßgebend für die Entwicklung ist der tägliche Gebrauch der Sinnesorgane. Jede Handlung des Kindes, auch wenn es so einfache Dinge sind, wie nach der Rassel greifen, fördert die Differenzierung der Wahrnehmungsfähigkeit. Wenn das Baby auf seine Decke patscht, den Kopf hebt, die Rassel sieht, danach greift, sie in den Mund steckt, dann lernt es. Und zwar mit allen Sinnen und ganz von selbst.

Das Greifen nach einem Gegenstand erfordert den Einsatz und die Koordination mehrerer Sinne. Wahrnehmung mit gleichzeitiger Bewegung hilft dem Kind, seine Umwelt zu erforschen, sie kennen zu lernen und Einfluss auf sie zu nehmen.

Die Entwicklung der Sinnesorgane des Kindes beginnt bereits im Mutterleib. Als erster Sinn bildet sich der Tastsinn aus. Auch der Gleichgewichtssinn und der Hörsinn sind schon in den ersten Monaten der Schwangerschaft angelegt. Der Sehsinn entwickelt sich als letzter. Wenn das Kind zur Welt kommt, sind alle seine Sinne arbeitsfähig und es bringt darüber hinaus schon so einiges an Wissen über die Welt mit, denn es konnte durch die Bauchdecke »mithören« und »mitfühlen«. Aber nun muss das Sinnessystem an eine völlig neue Welt angepasst werden.

Im Laufe seiner Entwicklung lernt das Kind durch die Auseinandersetzung mit seiner Umwelt, durch Handlungen und Wahrnehmungen, die Zusammenarbeit seiner Sinnesorgane zu koordinieren. Auf diese Weise bilden sich kognitive Strukturen, die die Grundlage für die geistige Entwicklung des Kindes sind.

Bei fortschreitender Handlungsfähigkeit entwickeln sich immer komplexere Handlungsverbindungen. Einzelne Reize und Informationen werden zu einem sinnvollen Ganzen verbunden. Hintereinander ablaufende Reize können zeitlich und räumlich unterschieden werden. Die Informationen sind im Gedächtnis gespeichert und können jederzeit wieder abgerufen werden. Dies ist die Voraussetzung, um sprechen zu lernen.

Der Zweck aller Sinnesorgane ist es, Informationen über die Umwelt und den eigenen Körper an die zentrale Schaltstelle im Gehirn zu melden. Dabei arbeiten die Systeme eng zusammen. Eine Sinneswahrnehmung darf nicht als rein physiologischer Ablauf verstanden werden. Nicht nur das Ohr hört oder die Hand tastet, sondern es ist der ganze Mensch mit seinen individuellen Empfindungen und Gefühlen, die den Wahrnehmungsprozess mit beeinflussen.

Um die Abläufe der Sinneswahrnehmung besser zu verdeutlichen, werde ich die einzelnen Sinne jedoch getrennt beschreiben. Das ist hilfreich, um ihre Funktionsweise besser zu verstehen. Außerdem wird auf diese Weise deutlich, wie oft die Sinne im Alltag so überreizt werden, dass es zu Schädigungen des Kindes führen kann.

Die drei ersten Sinne, der Tastsinn, der Hörsinn und eben auch der Gleichgewichtssinn, bilden die Grundlage für die Entwicklung des Kindes. Ein Kind, das lesen und schreiben lernen will, muss nicht nur gute, gesunde Augen haben, sondern auch einen entwickelten Gleichgewichtssinn, damit es mit den Augen bei einem Wort bleiben kann. Ohne den Gleichgewichtssinn würde das Wort vor seinen Augen verschwimmen.

Will es einen Ball auffangen, muss es den Flug des Balls mit den Augen verfolgen und Arme und Beine so bewegen, dass es den Ball erwischen kann. Und es muss die Größe des Balls abschätzen können, damit es ihn festhalten kann.

Sehsinn, Tastsinn und Gleichgewichtssinn arbeiten also eng zusammen. Diese Koordination geschieht in Sekundenschnelle. Die Muskeln, Organe, die Haut und die Sinnesorgane senden die aufgefangenen Reize in Blitzesschnelle zum Gehirn. Dort werden sie gespeichert und umgestaltet in angemessene Reaktionen. Das Gehirn arbeitet wie ein Hochleistungscomputer. Er speichert, vergleicht das Neue mit alten Informationen, sortiert, verknüpft, schafft Ordnung und wählt aus. Je öfter eine Erfahrung gemacht werden kann, desto besser kann sie gespeichert werden. Je intensiver Sinn-volle Inhalte im Gehirn gespeichert werden, desto komplexere Zusammenhänge können hergestellt werden. Bei jeder Sinn-vollen Erfahrung wird das Netz dichter wie ein Baum, dessen Äste sich verzweigen.

Ein Kind muss die Möglichkeit zu vielen sinnlichen Erfahrungen haben, damit seine Sinnessysteme trainiert werden und das Gehirn schnell, reibungslos und optimal arbeiten kann.

Diese Fähigkeiten sind die Basis der Intelligenz und werden in den ersten sieben Lebensjahren des Kindes aufgebaut. Aus diesem Grunde ist die kindliche Sinnlichkeit ein bedeutsames Feld, um die gesunde geistige, seelische und körperliche Entwicklung unserer Kinder zu gewährleisten. Denn eines steht fest: Der Mensch entwickelt sich über seinen Körper, und zwar über seine Sinne und Sinnlichkeit.

Der Vater aller Sinne: der Gleichgewichtssinn

Welche Eltern kennen das nicht? Achterbahn und Schiffschaukel, der Gleichgewichtssinn der Erwachsenen sehnt sich nach Ruhe und die Kinder rufen: »Noch mal, noch mal!«

Kinder können nicht genug bekommen vom Drehen, Wirbeln und Schaukeln. Das Sinnesorgan, das Menschen die räumliche Orientierung ermöglicht und uns sagt, wo oben und unten ist, uns beim Laufen hilft und dafür sorgt, dass unsere Hand das Wasserglas zielgerecht zum Mund führt, ist der Gleichgewichtssinn. In der Fachsprache heißt dieser Sinn »Vestibularsystem« oder »vestibuläres System«.

Dieses Sinnesorgan hilft uns dabei, dass wir mit beiden Beinen fest auf der Erde stehen können. Er hilft uns, Gegenstände zu fixieren, Entfernungen, Lage und Geschwindigkeit richtig einschätzen zu können.

Der Gleichgewichtssinn sitzt im Knochen des Innenohres. Er ist aus drei dünnen Bogengängen aufgebaut. Sobald wir uns bewegen, schwingt die Flüssigkeit im Inneren der Bögen wie bei einer Wasserwaage hin und her und meldet den Nervenzellen im Kleinhirn, wo es langgeht.

Viele Redensarten zeigen deutlich, wie wichtig dieses Sinnesorgan ist und weisen auf den Zusammenhang zwischen seelischer und körperlicher Gesundheit hin. »Er ist aus dem Gleichgewicht geraten«, sagt man, wenn ein Mensch mitten in einer Krise steckt. Und wenn »die Welt auf dem Kopf steht« verliert man sehr schnell »den Boden unter den Füßen«.

Alle Kreaturen, die auf festem Boden leben, müssen sich mit der Beschaffenheit ihres Untergrundes auseinander setzen. Der Gleichgewichtssinn sorgt für die Aufrechterhaltung des Körpers und hilft uns bei der räumlichen Orientierung. Er ermöglicht dem Organismus, Beschleunigungen und Drehungen wahrzunehmen und darauf entsprechend zu reagieren. Die Informationen, die der Gleichgewichtssinn an das Gehirn weitergibt, sind wichtig für die Anpassung des Menschen an seine Umgebung. Ohne dieses Sinnesorgan hätten wir keinen aufrechten Gang und würden uns im Raum, der uns umgibt hoffnungslos verirren. Der Gleichgewichtssinn reagiert äußerst sensibel auf die Einwirkung der Schwerkraft und auf Lage- und Haltungsveränderungen des Körpers. Die aus diesen Wahrnehmungen gewonnenen Informationen werden an das Gehirn weitergeleitet und lösen wiederum angemessene Reaktionen aus. Beim Balancieren zum Beispiel werden Ausgleichsbewegungen mit den Armen eingesetzt, damit das Kind nicht das Gleichgewicht verliert und vom Baumstamm herunterfällt.

Die Bedeutung des Gleichgewichtssinns wird oft unterschätzt, da viele seiner Funktionen unbewusst ablaufen. Er spielt jedoch eine wichtige Rolle im Gesamtablauf der Funktionen des Gehirns, denn der Gleichgewichtssinn ist ein koordinierendes Bezugssystem für alle Sinne. Er gestaltet die Basisbeziehungen, die ein Mensch zu seiner Umgebung hat. Alle anderen Wahrnehmungen werden in Bezug auf diese grundlegende Information verarbeitet. Sinnliche Wahrnehmungen werden durch den Gleichgewichtssinn angeregt und integriert, sodass alle Sinne als Ganzes zusammenarbeiten können. Der Gleichgewichtssinn sorgt auch für eine belebende Wachheit, die uns in einer harmonischen Balance hält. Wir kennen das alle in der beruhigenden Wirkung, die das Schaukeln im Schaukelstuhl auslöst. Lehrer kennen dieses Phänomen aus dem Unterricht, wenn die Kinder auf ihren Stühlen hin und her kippen und versuchen, sich in der Bewegung auf den Lernstoff zu konzentrieren.

Um wirklich zuverlässig arbeiten zu können, braucht der Gleichgewichtssinn viel Übung. Bereits ein 20 Wochen alter Fötus verfügt über die Anlage des Gleichgewichtsorgans, aber die vollständige Entwicklung dieses Sinns ist erst in der Pubertät abgeschlossen. Und weil die inneren Bogengänge Reize brauchen, um sich gesund zu entwickeln, lieben Kinder das Schaukeln, Rutschen, Flugzeug-Spiele an Papas Armen, Kettenkarussell und Achterbahn. Die Lust am Schwindligsein ist also ein ganz notwendiges, natürliches Bedürfnis. Viele Schwangere kennen das: Das boxende Baby im Bauch lässt sich wunderbar durch einen Spaziergang beruhigen. In den USA hat man Frühgeburten in schaukelnde Wasserbetten gelegt. Man stellte fest, dass diese Babys viel seltener an Herz- und Atembeschwerden litten als »Frühchen« in normalen Brutkästen.

Das Gleichgewicht spielt im menschlichen Leben eine besondere Rolle. Die Wahrnehmung der Schwerkraft ist der erste Sinn, der sich im Mutterleib entwickelt. Der Gleichgewichtssinn kann somit als »Vater aller Sinne« betrachtet werden. In seinem ersten Lebensjahr geben die Fortschritte beim Kampf um den aufrechten Gang und das Gleichgewicht dem Kind wesentliche Entwicklungsimpulse. Sobald es sitzen kann, hat es beide Hände frei, um nach seinem Spielzeug zu greifen und es zu erforschen. Krabbeln und später das Laufen vergrößern seinen Radius zum Erforschen seiner Umwelt und sorgen somit für weitere Entwicklungsschritte.

Aber der Gleichgewichtssinn hat noch eine weitere Bedeutung. Jedes Lebewesen strebt nach einer inneren Balance, die sein Wohlbefinden und Überleben erst möglich macht. In der Fachwelt wird diese Tendenz zum Ausgleich, zur aktiven Herstellung möglichst konstanter Bedingungen als »Homöostase« bezeichnet. Damit sind nicht nur der Hormonhaushalt und die Steuerung von Nährstoffen gemeint, sondern auch eine Selbstregulation der Balance in Geist und Psyche. »Ich muss mein inneres Gleichgewicht unbedingt wieder finden«, sagen wir in schwierigen Lebenssituationen. Für ein Kind, das mitten in seiner Entwicklung steckt, ist die äußere und innere Balance von noch größerer Bedeutung als für einen Erwachsenen. Denn sie ermöglicht, dass das Kind alle seine Sinne optimal entfalten kann und dadurch fähig wird, sich selbst und die Welt bewusst zu erleben.

Denken Sie nur an zwei Kinder, die auf einer Wippe sitzen. Schon um nicht herunterzufallen, müssen sie außer ihrem Gleichgewichtssinn auch alle anderen Sinne zur Wahrnehmung einsetzen.

Ihre Eigenwahrnehmung meldet, wie stark die Muskeln angespannt und die Gelenke gebeugt werden müssen, ihr Tastsinn spürt den Sitz unter ihrem Po und beim Abstoßen den Boden unter den Füßen. Das Gehör registriert das Auf und Ab der Wippe und liefert zusätzliche Informationen über den Schaukelrhythmus, der Gesichtssinn erfasst präzise, wie sich ihre Position im Raum ständig ändert. Diese Symphonie der Sinne ermöglicht es den Kindern, das Spiel beliebig fortzusetzen. Im Takt der Wippe regulieren sie mit Augen, Muskeln, Gefühl und Gleichgewicht ihre Haltung und passen ihre Reaktionen der jeweiligen Situation an. Und das Schöne dabei: Beide Kinder haben einen Riesenspaß an diesem Spiel.

Das äußere und innere Gleichgewicht wird durch ein Wechselspiel der Sinne erreicht. Wissenschaftler nennen das »Integration«. Der Schrittmacher für das Zusammenspiel der Sinne, schon beim ungeborenen Kind, ist das Gleichgewichtssystem.

Zwischen der sechsten und achten Schwangerschaftswoche beginnt sich das Gleichgewichtsorgan im Ohr zu entwickeln. Bis zur zehnten Woche bilden sich die Nervenbahnen, die sich um die 20. Woche herum stabilisieren. Das Gleichgewichtssystem funktioniert von Beginn seiner Bildung an, auch wenn es noch nicht ausgereift ist, und fördert dadurch seine eigene Entwicklung. Zusätzlich fördert der Gleichgewichtssinn auch schon in diesem primitiven Stadium das Wachstum und die Verknüpfung der übrigen Wahrnehmungssysteme.

Als erster Sinn regt das Gleichgewichtssystem den Tastsinn an. Anfangs ist das Kind in der Lage, recht frei und ungehindert in der Fruchtblase umherzuschwimmen. Im Laufe seines Wachstums stößt es jedoch immer häufiger mit den Händen an die Wände der Fruchtblase oder berührt seinen eigenen Mund. Diese taktilen Reize kann es genauso früh wahrnehmen, wie die Meldung seines Gleichgewichtssinnes über eine Positionsveränderung. Gleichgewichtssinn und Tastsinn regen nun weiterhin das Neuronenwachstum an und das Gehirn entwickelt sich immer komplexer. Ohne ausreichende taktile Reize würde das Nervensystem aus dem Gleichgewicht kommen.

Vom vierten Schwangerschaftsmonat an kann das Ungeborene seine Balance in gewissem Maß schon selbst regulieren. Droht Unordnung im Organismus, bemüht sich der Körper, wieder Ordnung herzustellen, also wieder ins Gleichgewicht zu kommen. Das kann eine innere Unordnung sein, eine Störung im Stoffwechsel, oder eine äußere, etwa wenn der Fötus übermäßig lauten Geräuschen ausgesetzt ist. Im ersten Fall würde der Körper Reserven mobilisieren, um den Mangel auszugleichen, im zweiten Fall würde das Kind sich entweder durch heftige Bewegungen »wehren« oder seine Aufmerksamkeit einfach abwenden. Diese Selbstregulierungsfähigkeit beim Ungeborenen und später auch beim Neugeborenen hat natürliche Grenzen. Wenn die kindlichen Sinneskanäle zu früh oder zu intensiv stimuliert werden, gerät das Kind aus dem inneren Gleichgewicht. Aus diesem Grunde warnen sehr viele Wissenschaftler vor den »Babyschulen« oder vorgeburtlichen »Universitäten«, die besonders in den USA sehr beliebt sind.

Dort beschallen werdende Mütter ihren Bauch täglich über mehrere Stunden per Lautsprecher mit Geräusch- und Sprachprogrammen oder Musik. In Frankreich werden sogar Englischkurse für Föten angeboten. Ehrgeiz und Ziel der daran teilnehmenden Schwangeren ist es, intelligentere, »bessere« Babys zu bekommen. Die Mütter riskieren jedoch, dass ihre Kinder später nicht leistungsfähiger, sondern nervös und ängstlich sind. Auch zeigt es sich, dass bei so behandelten Kindern die Aufnahmefähigkeit gestört ist. Wissenschaftler vermuten, dass bei einer vorzeitigen Reizüberflutung die Kinder einfach abschalten. Dermaßen traktierte Babys gehören auch auffällig häufig zu den hyperaktiven oder hyperkinetischen Kindern.

Der französische Wissenschaftler Jean-Pierre Lecanuet vom Nationalen Forschungszentrum in Paris hat in vielen Studien nachgewiesen, dass ein Fötus und sogar noch ein Kleinstkind seine Wahrnehmungen anders verarbeitet als in späteren Jahren. In den frühesten Entwicklungsphasen werden Reize nicht automatisch in das Sinnessystem kodiert, das diese Reize aufnimmt, sondern es kann durchaus ein anderes Sinnessystem sein. In dieser Entwicklungszeit gibt es im Großhirn noch viel mehr Querverbindungen als bei Erwachsenen. Informationen können also von einem Sinnesorgan aufgenommen werden, um von einem anderen verarbeitet zu werden. Dieses Phänomen kann man bei Kleinkindern feststellen, die manchmal seelenruhig weiterspielen, auch wenn das Licht ausgeschaltet wird. Sie »sehen«, indem sie fühlen.

Aber auch Kollegen von Lecanuet warnen vor falsch verstandener Frühförderung, auch vor forciertem Lese- und Rechentraining. Er selbst schlägt vor, dass Eltern am besten daran täten, den Gleichgewichtssinn in den ersten Entwicklungsjahren zu respektieren. Der durchschnittliche Tagesablauf in einer Familie bietet genügend natürliche Lernmöglichkeiten, um alle Wahrnehmungskanäle zu nutzen und zu fördern und trotzdem im Gleichgewicht zu bleiben. Am Anfang der menschlichen Entwicklung kommunizieren sämtliche Sinne in einem äußerst fein abgestimmten System. Diese Balance sollten wir als Erwachsene nicht mutwillig stören.

Das älteste Sinnesorgan: das Ohr

Wir haben alle einmal sehr klein angefangen: nämlich als Einzeller. Die erste Lebenswelt eines Kindes ist der Zeitraum von neun Monaten im Mutterleib. Diese erste Lebenswelt ist eine ganz besondere und sie ist bedeutsam für das gesamte Leben nach der Geburt des Kindes. In dieser Zeit werden Grundlagen und Bedingungen geschaffen, die später Einfluss auf das Leben des Kindes nehmen werden.

Das Ohr ist nicht nur in Bezug auf die gesamte Evolution der Lebewesen das älteste Sinnesorgan, sondern auch in der Lebensgeschichte jedes einzelnen Menschen. Zu Beginn des sinnlichen Lebens eines Menschen ist er einfach ein »Hörling«. Ungefähr 22 Tage nach der Verschmelzung von Eizelle und Sperma beginnt der Embryo mit der Entwicklung seiner Ohren.

Sie entstehen aus dem so genannten Ektoderm, das ist ein Zellgewebe, aus dem später das gesamte Nervensystem und die Haut gebildet wird. Der Wissenschaftler Alfred A. Tomatis ist der Meinung, dass diese erste Stufe der Entwicklung des Innenohrs inklusive der Anlage des Gleichgewichtssinns als eine Art Urgehirn betrachtet werden kann. Die Entwicklung der Großhirnrinde setzt erst viel später ein. Tomatis nimmt an, dass der Embryo nicht einfach nur ein wachsender Zellhaufen ist, sondern ein Lebewesen, das sein eigenes Wachstum in ganz spezieller Weise wahrnehmen, also erleben kann. Laut Tomatis »hört sich der Embryo selbst leben und wachsen«.

Nach viereinhalb Monaten ist das Ohr ausgebildet. Nun kann der Fötus nicht nur hören, sondern auch richtig zuhören. Er hört die Stimme seiner Mutter und speichert sie in seinem Gedächtnis, sodass er sie nach der Geburt sofort wieder erkennen kann. Die Stimme seiner Mutter ist für den Fötus der erste Anreiz für eine Interaktion. Er hört ihre Stimme und reagiert darauf, je nachdem, ob die Mutter zärtlich, beruhigend, nervös oder laut wird. Und durch seine Reaktion darauf fordert er wiederum die Mutter dazu auf, auf sein Verhalten zu reagieren. Spricht sie laut und schrill, dann bewegt sich der Fötus oder zeigt seinen Unwillen, indem er boxt oder tritt. Die Mutter wird versuchen ihn zu beruhigen, indem sie ihn beim Spazierengehen schaukelt oder besänftigend ihren Bauch streichelt.

Der Fötus erlebt seine Welt also im Austausch mit Gehörtem und Gefühltem. Die Sinnlichkeit macht schon in diesem frühesten Stadium des menschlichen Lebens Sinn. Aber schon in dieser Phase des Lebens kann die Lebenslust getrübt werden, zum Beispiel durch ständigen Lärm, durch Streit, durch die laute, nervöse Stimme der Mutter, die ihr Baby innerlich nicht annehmen kann. Ein Kind kommt also nicht als ein völlig unbeschriebenes Blatt zur Welt. Der Anfang seiner Lebensgeschichte ist bereits geschrieben.

Über den Hörsinn, oder das auditive Wahrnehmungssystem, sind wir in der Lage, Geräusche, Stimmen, Töne und Klänge wahrzunehmen und zu unterscheiden. Das Funktionieren des Hörsinns ermöglicht uns, in Kommunikation zu anderen Menschen zu treten, und er ist die Grundvoraussetzung für das Erlernen der Sprache. Über das Gehör können wir herausfinden, aus welcher Richtung ein Geräusch kommt und wie weit es von uns entfernt ist. Befindet sich der Mensch, der mit mir spricht, in einem anderen Raum oder steht er direkt hinter mir.

Das Ohr ist ein sehr kompliziertes Sinnesorgan. Auf der einen Seite ist es fähig, ganz leise, zarte Töne wahrzunehmen, während es auf der anderen Seite starken Schallwellen wie bei einem Presslufthammer oder lauter Disco-Musik standhalten kann. Darüber hinaus ist es sogar fähig, aus vielen verschiedenen Geräuschen ein ganz besonderes wahrzunehmen, zum Beispiel aus dem Geplauder vieler Frauenstimmen die Stimme der Mutter.

Das Ohr nimmt Eindrücke aus der Umwelt auf, indem Töne durch Schallwellen, das sind regelmäßig wiederkehrende Luftdruckschwankungen bestimmter Häufigkeit (Frequenz), zustande kommen. Mit steigender Frequenz, also Häufigkeit der Schwankungen, steigt die Tonhöhe an.

Die Schallwellen passieren drei verschiedene Abschnitte des Ohrs, bevor sie in das Hörzentrum des Gehirns gelangen, um dort gespeichert und zu Informationen umgestaltet zu werden. Diese drei Abschnitte liegen im Außen-, Mittel- und Innenohr.

Zwei Sinnesorgane im Ohr mit verschiedenen Funktionen bilden eine Einheit: das Innenohr. Der eine Teil, die so genannte Schnecke, ist das eigentliche Gehörorgan, das auf mechanische Reize reagiert. Das kleine und große Vorhofsäckchen sowie die Bogengänge im Innenohr registrieren die Lageveränderung des Körpers. Dies ist das Gleichgewichtsorgan.

Das Ohr besteht aus drei verschiedenen Bereichen:

❖ das äußere Ohr mit Ohrmuschel, Gehörgang und Trommelfell,
❖ das Mittelohr, das mithilfe der Gehörknöchel den Schall weiterleitet,
❖ das mit Flüssigkeit gefüllte Innenohr mit der Schnecke (das eigentliche Hörorgan).

Das äußere Ohr fängt den Schall mithilfe der Ohrmuschel auf und leitet ihn über den Gehörgang an das Trommelfell weiter. Das Trommelfell ist ein sehr feines Häutchen, das den äußeren Gehörgang abschließt. An das Trommelfell schließen die Gehörknöchel an, die, aufgrund ihrer Form, Hammer, Amboss und Steigbügel genannt werden. Sie verbinden das äußere Ohr mit dem Innenohr.

Wenn nun ein Schall ertönt, versetzt die Luftbewegung der Schallwelle das Trommelfell in Schwingungen. Diese Schwingungen werden über die Gehörknöchel an das Innenohr weitergeleitet. Im Innenohr ist das Zentrum des Hörorgans: die

Schnecke. Auf der Schnecke sind Sinneszellen, so genannte Haarzellen, angeordnet, die alle akustischen Reize über den Hörnerv an die zuständigen Zentren im Gehirn weiterleiten.

Die Ohren bekommen im Leben des Kindes eine Menge zu tun. Ähnlich wie die Augen, nur kann ein Kind die Ohren nicht schließen, um sich vor allzu vielen Reizen zu schützen. Kinder sind also Lärm, Krach und Dauerberieselung wehrlos ausgeliefert.

Im Laufe ihrer Entwicklung lernen Kinder, Geräusche zu unterscheiden, die Richtung zu erkennen, aus der sie kommen, und auch zu wissen, was das Geräusch bedeutet. Hört man eine Fahrradklingel hinter sich, so bedeutet das, sich umzudrehen und dann auszuweichen.

Die Ohren müssen ebenfalls lernen, Geräusche zu selektieren und sich dann auf das Ausgewählte zu konzentrieren. Auf einer lauten Geburtstagsfeier muss man trotzdem in der Lage sein, sich auf die Stimme eines Gesprächspartners zu konzentrieren und sie aus all dem Lärm drum herum auszublenden. Aber auch das Hör-Gedächtnis spielt eine wesentliche Rolle, denn was man gehört hat, muss man sich auch merken können, ob das nun die Namen der anderen Kindergartenkinder sind oder die Telefon- und Hausnummer.

Hören und Sprechen gehören zusammen. Ein Kind lernt die Sprache zuerst über das Gehör. Gehörlose lernen nur mit größter Mühe sprechen und dann leider oft sehr unverständlich. Wenn Sie also den Hörsinn Ihres Kindes fördern, ohne ihn zu überfordern, tun Sie gleichzeitig auch viel für die Sprachentwicklung Ihres Kindes.

Kinder lieben es, wenn ihnen Geschichten erzählt werden. Die Gute-Nacht-Geschichte ist ein beliebter Abschluss eines ereignisreichen Tages. Eine Geschichte zu hören ist ein sinnliches Erlebnis, denn es gibt nicht nur etwas zu hören, sondern auch etwas zu sehen und anzufassen. Die Stimme der Mutter oder des Vaters ist ein zusätzlicher Faktor, der das Zuhören einer erzählten Geschichte wertvoller macht als die Erzählung einer anonymen Stimme auf einer Kassette. Erzählte Geschichten können sogar heilend auf den ganzen Körper und die Seele eines Kindes einwirken.

Den ersten Ohrenschmaus bereiten sich Babys mit den Lauten, die sie selbst hervorbringen können: mit Lallen, Brabbeln und Plappern. Diese ersten »Worte« plappert das Kind aus reiner Lust; sie sind ein sinnliches Vergnügen für seine Ohren. Und ganz nebenbei übt es die Möglichkeiten seiner Stimme und der Sprache. Voller Genuss spielen die Kleinen mit ihrer Kehle, Zunge und ihren Lippen und haben einen Riesenspaß an dem, was da herauskommt.

Alarmzeichen »Hören« – Babys

Bei folgenden Anzeichen sollten Sie unbedingt mit Ihrem Kinderarzt sprechen:

➪ Das Baby reagiert nicht auf die Stimme der Mutter oder auf laute Geräusche, es erschrickt nicht (bis Ende des 3. Monats).
➪ Das Baby hört im Plapperalter (etwa ab dem 6. Monat) nach und nach mit dem Plappern wieder auf.
➪ Das Kind reagiert bei abgewendetem Gesicht nicht auf leisen Zuruf oder leise Musik (ab dem 7. Monat).
➪ Das Kind beginnt nicht damit, erste Worte zu bilden, oder spricht nur sehr undeutlich (etwa ab dem 16. Monat).

Lust an Lauten und Geräuschen haben Kinder auch, wenn sie ihre Organe sprechen lassen, denn Kinder hören nicht nur mit den Ohren, sondern auf sehr sinnliche Weise mit Leib und Seele. Lautquellen sind auch immer Lustquellen, nur verdrängt die Sozialisierung der Kinder das sinnliche Hören zugunsten von exakten Wortbezeichnungen. Das Ohr des Kindes wird im Laufe seiner Entwicklung immer mehr auf genormte Ausdrücke programmiert. Nur noch sehr selten erleben Erwachsene die sinnliche Lust an den Urgeräuschen ihrer Kindheit. Und zwar immer dann, wenn der bewusste Intellekt seine Herrschaft verloren hat: im seligen Weinrausch, im Fieber, beim Aufwachen nach Narkosen, im Drogenrausch oder beim Liebesspiel. Der Zauber eines Geräusches ist verbunden mit vielen sinnlichen Eindrücken und Erinnerungen.

Das größte Sinnesorgan: die Haut

Schon in den ersten drei Wochen nach der Befruchtung, beginnt die Haut sich als Sinnesorgan zu entwickeln. Ungefähr in der 13. Lebenswoche reagiert der gesamte Körper des Fötus sehr empfindsam auf Berührungen. Schon für das ungeborene Kind ist die Haut ein Kommunikationsorgan. Durch die Kontraktionen der Gebärmutter beim Geburtsvorgang werden die Empfindungsnerven der Haut stimuliert und somit Reize auf die verschiedenen Organe ausgeübt, damit diese auf ihre selbstständige Tätigkeit vorbereitet werden. Das ist ungefähr vergleichbar mit dem Lecken der Tiermutter nach der Geburt, die damit ebenfalls über die Haut die Organe des Neugeborenen stimuliert.

Für das Neugeborene ist die Haut das wichtigste Kommunikationsorgan, über das es Kontakt zu seiner Umwelt aufnehmen kann. Diese taktile Kommunikation ist sozusagen die erste Sprache des Säuglings, auf der später die verbale Kommunikation aufbaut. Ein Säugling kann genau unterscheiden, ob er liebevoll oder gleichgültig im Arm einer Person gehalten wird. Taktile Berührungen bilden somit die Grundlage der sozialen Existenz des Kindes. Bei Angst und Furcht klammert sich das Kind an seine Eltern, bei Schmerz und Unwohlsein empfängt es Trost und Sicherheit durch liebevolles Streicheln und Liebkosen und das Festgehaltenwerden in den Armen der Eltern gibt dem Kind ein Gefühl von Sicherheit und Geborgenheit. Taktile, also körperliche Berührungen können aber auch negativ empfunden werden. Es gibt Kinder, die sich in ihrer Freiheit bedroht fühlen, wenn die Eltern sie in den Arm nehmen oder festhalten. Diese Kinder fangen dann sofort an zu strampeln und versuchen, sich loszureißen. Auch Berührungen gehen sie lieber aus dem Wege, was für zärtlich gestimmte Eltern oft gar nicht so einfach zu akzeptieren ist.

Aber diese Fälle sind eher Ausnahmen. Intensiver Körperkontakt durch Streicheln, Schmusen und Herumtragen wird nicht nur von den meisten Babys geliebt, sondern fördert auch die gesunde Entwicklung des Kindes. Liebevolle Berührungen sind Nahrung für alle Sinne des Babys. Die Ausschüttung von Hormonen für das Wachstum und die geistige Entwicklung werden dadurch angeregt.

In seiner ersten Lebensphase erforscht das Kind seine Welt mit Mund, Lippen und Zunge, aber im Laufe des ersten Lebensjahres verfeinert sich sein Tastsinn und die Fingerspitzen gewinnen immer mehr an Bedeutung, wenn es darum geht, die Gegenstände, die anderen Menschen und sich selbst zu berühren, zu fühlen und zu be-greifen. Wie lebensnotwendig der Hautkontakt sowohl für menschliche Säuglinge als auch für Tierbabys ist, haben viele Experimente bewiesen. Neugeborene Menschen- und Tierbabys sterben, wenn der liebevolle Körperkontakt ausbleibt, auch wenn für ausreichend gute Nahrung gesorgt ist.

Der Tastsinn ist am feinfühligsten, wenn der Sehsinn ausgeschaltet wird. Nicht nur Kinder, sondern auch Erwachsene schließen deshalb unwillkürlich die Augen, wenn sie gestreichelt werden, um diese Berührungen richtig genießen zu können.

Unzählige Nervenendigungen, so genannte sensorische Wahrnehmungsrezeptoren, befinden sich auf der Hautoberfläche. Diese Rezeptoren empfangen Reize wie Wärme, Kälte, Vibration, Druck, Zug, Schmerz oder liebevolle Berührung. Ganz dicht unter der Haut sitzen die Tastkörper, in denen sich hochsensible Nervenzellen befinden. Jede Berührung, jeder Reiz erzeugt ein Signal, das über die Nervenbahnen zum Gehirn weitergeleitet wird. Erst dort wird dem Menschen bewusst, was er genau fühlt und empfindet. Das Gehirn »erkennt« sofort, um was für einen Reiz es sich handelt und von welcher Körperstelle dieses Signal kommt. Der Reiz wird nun mit entsprechenden Reaktionen beantwortet.

Die Dichte der Tastkörper unter der Haut ist unterschiedlich. Besonders viele befinden sich in den Handinnenflächen, unter den Fußsohlen und an den Fingerspitzen. Am geringsten sind die Tastkörper auf dem Rücken verteilt.

Sie kennen sicher die Redewendungen: »Das geht mir unter die Haut«, wenn man von einer Sache ganz besonders tief berührt wird. Oder: »Das ist doch zum Aus-der-Haut-Fahren«, wenn wir uns seelisch überhaupt nicht wohl fühlen. Und es läuft uns »heiß und kalt« den Rücken hinunter, wenn wir etwas »hautnah« erleben. Die Alltagssprache demaskiert auf diese Weise, dass die Beziehung zwischen der Haut und den Gefühlen eines Menschen ganz besonders eng ist und der Begriff »fühlen« sowohl physisch als auch psychisch zu verstehen ist. Von Menschen, die relativ unempfindlich sind, sprechen wir als von Menschen mit einem »dicken Fell«. Sensible Naturen dagegen werden als »dünnhäutig« bezeichnet.

Das Tasten und Berühren gehört in unserer Gesellschaft nicht unbedingt zu den weitläufig akzeptierten Bereichen der Sinneswahrnehmung. Wie viele Verbotsschilder gibt es doch mit der Aufschrift »Bitte nicht berühren!«.

Dabei können Kinder ihre Umgebung nur mit den Händen erforschen und »begreifen«. Sie müssen die Dinge anfassen können, um sie zu verstehen.

Jedes Baby hat viel Lust auf Berührung und ist hungrig nach Hautkontakt. Forscher haben entdeckt, dass Kinder, die viel Berührung und Hautkontakt erfahren, stark, klug und fröhlich werden.

Die Haut ist das größte Sinnesorgan des Körpers. Sie umgibt den gesamten Körper und ist eine Trennlinie zwischen innen und außen, zwischen dem Individuum und der Umwelt. Die Haut regelt nicht nur das Körpergeschehen, sondern auch den Kontakt zu anderen Menschen und der Umgebung. Für das Überleben des Menschen ist die Haut wichtiger als alle anderen Sinnesorgane. Wird bei einer Verbrennung mehr als ein Drittel der Hautoberfläche beschädigt, muss der Mensch sterben, wenn nicht eine sofortige Hauttransplantation vorgenommen werden kann.

Die Haut hat also mehrere Funktionen:

- ❖ Sie ist das größte und eines der wichtigsten Sinnesorgane, da sie den Kontakt zur Umwelt vermittelt.
- ❖ Sie regelt den Wärmehaushalt und sorgt für Temperaturausgleich.
- ❖ Sie schützt durch ihre Hülle den Organismus vor dem Eindringen fremder Substanzen.
- ❖ Sie sorgt mit für den Stoffwechselaustausch, indem sie Schlacken und Giftstoffe durch Schweißdrüsen und Poren ausscheidet.
- ❖ Sie ist ein wichtiges Atmungsorgan für den gesamten Organismus.

Nehmen Sie sich von Anfang an viel Zeit zum Schmusen. Gelegenheit dazu gibt es im Alltag reichlich: beim Windelwechsel, Baden, Füttern und Spielen. Drücken und herzen Sie Ihr Kind, sodass es »hautnah« spürt, wie Sie es lieben. Diese wichtige Erfahrung fördert nicht nur seine Entwicklung, sondern stärkt auch sein Urvertrauen. Und dies ist die Basis für die gesamte Persönlichkeitsentwicklung Ihres Kindes.

Aber auch später sollte das Verbot »Nicht anfassen!« wirklich nur in Gefahrensituationen ausgesprochen werden, denn es bremst die Forscherneugier und damit die Entwicklung des Kindes. Zusammen mit dem Gleichgewichtssinn liefert der Tastsinn von Anfang an dem Gehirn eine Menge an Informationen, die geordnet und gespeichert werden. Das sind lauter wertvolle Erfahrungen, auf denen die anderen Sinne aufbauen können. Der Tastsinn ist der direkteste Kontakt zur Umwelt und bringt den Kindern sofort greifbare Erfolge und Erfahrungen. Darüber hinaus machen Tasterfahrungen und -spiele auch noch einen Riesenspaß. Tasten und Fühlen kann man mit einem einzigen Körperteil oder mit dem ganzen Körper. Wir Erwachsenen sind uns der Freude am Tasten und Fühlen oft gar nicht mehr bewusst. Umso genussvoller kann es sein, mit Kindern wieder auf eine spannende Entdeckungstour zu gehen.

Was Kinder alles sehen: die Augen

Neugeborene Babys können gleich nach der Geburt den Blickkontakt zu ihrer Mutter aufnehmen. Das grelle Licht im Kreißsaal führt jedoch dazu, dass sie meist ihre Augen heftig zusammenkneifen, denn der Kontrast zwischen der warmen, dunklen, geborgenen Bauchhöhle und dem gleißenden Licht ist einfach zu krass. Kommt ein Kind jedoch bei gedämpfteren Lichtquellen zur Welt, sind seine Augen weit und neugierig geöffnet.

Was ein Neugeborenes sieht, ist natürlich nicht mit den Seherfahrungen eines Erwachsenen zu vergleichen. Die Nervenbahnen, die von den Augen zum Gehirn führen, sind bei einem Säugling noch nicht voll ausgebildet. Dazu kommt, dass das Neugeborene über keinerlei Seherfahrungen verfügt und daher nun die neuen Sinneseindrücke über das Auge auch noch nicht gleich einordnen und auswerten kann.

Die Sehfähigkeit ist bei der Geburt eines Kindes im Vergleich zu den anderen Sinnesorganen am wenigsten entwickelt. Aber diesen Rückstand holt das Baby sehr schnell auf.

Schon in seinen ersten Lebensminuten sucht es den Blickkontakt zur Mutter und schaut mit großen Augen tief in die Augen seiner Mutter. Das Liebesband zwischen beiden wird in diesem Moment noch einmal ganz festgezurrt.

In einem Abstand von ungefähr 20 cm kann der Säugling am besten sehen. Instinktiv halten fast alle Erwachsenen diesen Abstand ein, wenn sie sich mit einem Baby beschäftigen. Das Neugeborene sieht etwa 20- bis 30-mal unschärfer als ein Erwachsener. Seine Augen können sich auch noch nicht von der Nähe auf die Ferne umstellen. Auch die Koordination beider Augen ist noch nicht entwickelt, sodass es zu dem typischen Neugeborenenschielen kommen kann. Das legt sich aber Ende des dritten Lebensmonats. Ab diesem Zeitpunkt ist der Sehnerv fast vollständig ausgebildet. Das Baby kann nun synchron mit beiden Augen seine Umgebung betrachten. Es sieht schärfer und kann Gegenstände nun auch fixieren und mit den Augen verfolgen. Besonders beliebt zum Anschauen ist das menschliche Gesicht und da stehen natürlich an erster Stelle die Gesichter von Mutter und Vater. Mit zunehmendem Alter steigt aber auch das Interesse an allen anderen Dingen und Lebewesen in der Umgebung des Kindes.

Alarmzeichen »Sehen« – Babys

Bei folgenden Anzeichen sollten Sie unbedingt mit Ihrem Kinderarzt sprechen:

⇨ Das Baby schielt noch nach dem Ende des dritten Lebensmonats.
⇨ Die Augen des Babys zittern.
⇨ Das Baby hält den Kopf zwanghaft schief.
⇨ Das Baby greift vorbei (ab dem sechsten Monat).
⇨ Das Kind hat auffallend große Augen und ist gleichzeitig lichtscheu.
⇨ Das Kind zeigt keinerlei Reaktionen auf Lichteinfall.
⇨ Die Hornhaut des Auges wirkt getrübt.
⇨ Die Pupillen sind weißlich.
⇨ Das Baby hat große, starre Pupillen, auch bei Lichteinfall.
⇨ Das Baby verdreht die Augen, ohne dabei etwas anzuschauen.

Alarmzeichen »Sehen« – ältere Kinder

Bei folgenden Anzeichen sollten Sie unbedingt mit Ihrem Kinderarzt sprechen:

⇨ Das Kind stolpert häufig und stößt an Möbel an.
⇨ Das Kind zeigt zunehmende Nachtblindheit.
⇨ Die Schulnoten verschlechtern sich ganz plötzlich.
⇨ Das Kind reagiert mit Unlust, wenn es lesen soll.
⇨ Das Kind sondert sich von anderen Kindern ab.

Bei allem, was wir anschauen, fallen Lichtstrahlen in unsere Augen. Die Pupille sorgt bei hellem Licht durch Zusammenziehen oder bei Dunkelheit durch Ausweitung dafür, dass die jeweilige Belichtung jedes Mal stimmt. Die Linse reguliert die Bildschärfe, indem sie für jedes Objekt, das wir uns anschauen, die genaue Entfernung einstellt. Auf der Netzhaut registrieren die Sehstäbchen und Sehzäpfchen die Helligkeits- und Farbreize und geben diese Informationen an den Sehnerv weiter. Im Sehzentrum des Gehirns wird schließlich das Bild »gemacht«. Dabei werden Schwierigkeiten gemeistert, die uns gar nicht bewusst sind: Das auf dem Augenhintergrund eingefangene Bild steht zunächst auf dem Kopf, wird aber vom Gehirn umgekehrt und uns »richtig« vermittelt. Die von jedem Auge eingefangenen Einzelbilder werden zu einem einzigen zusammengefügt und ermöglichen uns damit eine Tiefenwahrnehmung. Wenn Sie sich abwechselnd ein Auge zuhalten und einen bestimmten Gegenstand dabei fixieren, können Sie diese besondere Leistung unseres Sehsinns ganz bewusst wahrnehmen.

Ein Auge übernimmt die Führung

Mit welcher Hand ein Mensch geschickter ist, zeigt sich schon sehr früh. Physiologen der Universität Dortmund haben herausgefunden, dass wir auch ein »Lieblingsauge« haben. Es fokussiert schneller als das andere Auge. Die Studie ergab: Menschen, die »linksäugige« Rechtshänder sind, haben ein schlechteres Reaktionsvermögen als »rechtsäugige« Linkshänder. Diese Erkenntnis kann zum Beispiel bei der Einstellung von Piloten wichtig sein.

Das visuelle System oder der Sehsinn wird auch als Gesichtssinn bezeichnet. Die meisten Sinneseindrücke erfahren wir über unseren Sehsinn. Das Organ für die Aufnahme optischer Eindrücke ist das Auge. Es wird im Alltag am meisten gebraucht, aber auch oft mit Reizen überflutet, was nicht gut tut. Gerade heute werden Kinder häufig mit optischen Reizen dauerberieselt. Computerspiele, Fernsehen, Werbung, Reklame, bunte Lichter überschütten den Sehsinn und lassen den Kindern kaum noch Zeit, etwas in Ruhe zu betrachten. Die schnelle Bildabfolge der Fernsehfilme verhindert das Verarbeiten der Eindrücke. Das wiederum bedeutet, dass Kinder sich immer weniger längerfristig auf eine Sache konzentrieren können, der Inhalt des Films oft nicht verstanden wird, die Zusammenhänge im schnellen Wechsel der Szenen nicht mehr erkannt und gedeutet werden können.

Sehen bedeutet nicht nur ein »objektives« Aufnehmen optischer Eindrücke. Was wir sehen und wie wir es verarbeiten und deuten, ist immer abhängig von unserer Einstellung, der Gesamtpersönlichkeit und dem jeweiligen Standpunkt des Betrachters. Beim Verarbeiten visueller Eindrücke wählen wir das aus, was für uns von Bedeutung und Interesse ist. Das Sehen und die Auswertung der optischen Eindrücke sind auch abhängig von unserer augenblicklichen Stimmung. Je nachdem, ob wir gelassen, fröhlich, traurig oder in Eile sind, nehmen wir die Welt um uns her anders wahr. Sehen geschieht selektiv. Aus den vielen Eindrücken wählen wir das aus, was für uns von Bedeutung ist. Sehen ist daher ein gestaltender Vorgang. Menschen sind aktiv daran beteiligt, was sie sehen möchten, weil es für sie interessant ist. Sehen heißt aber auch, dass wir lernen, den Dingen auf den Grund zu gehen, und uns nicht nur mit dem Vordergründigen zufrieden geben. Sehen bedeutet, auch mal die Perspektive zu wechseln, die Welt »verkehrt herum«, mit dem Kopf nach unten und den Beinen in der Luft, zu betrachten. Alltägliches und Gewohntes in ganz neuen Zusammenhängen zu betrachten und durch Beobachten die Dinge besser zu verstehen.

Zur visuellen Wahrnehmung gehört die Fähigkeit, optische Reize wahrzunehmen, sie zu unterscheiden, zu bewerten und darauf zu reagieren. Das heißt, das Kind sieht eine Menge bunter Spielsachen, schaut sich alles in Sekundenschnelle an, sucht sich das Spielzeug heraus, das es am meisten interessiert, und greift danach.

Es muss aber auch in der Lage sein, sich ein Bild zu merken und im Gedächtnis zu behalten. Folgende Bereiche in der visuellen Wahrnehmung können also unterschieden werden:

Figur-Hintergrund-Wahrnehmung

Viele verschiedene Reize wirken auf das Auge ein. Die für uns wichtigen Reize bilden die Figur, die sich vor dem Hintergrund der unwichtigen Reize abhebt und damit im Zentrum unserer Aufmerksamkeit steht. Bei Konzentrationsstörungen oder dem ADS-Syndrom (Aufmerksamkeitsdefizit-Syndrom) gelingt dem Kind diese Unterscheidung zwischen für es wesentlichen und unwesentlichen Dingen schlecht bis gar nicht.

Konstante Wahrnehmung

Spezielle Eigenschaften eines Gegenstandes (Größe, Form, Lage) können dabei, auch aus verschiedenen Perspektiven heraus, konstant wahrgenommen und als ein und derselbe Gegenstand identifiziert werden.

Koordination von Sehen und Motorik

Wenn das Kind nach einem Gegenstand greifen will, muss es in der Lage sein, das Sehen mit dem Greifen der Hände zu koordinieren. In den ersten Lebensmonaten ist Sehen-Berühren-Greifen noch ein Reflex. Um alles, was die Handinnenflächen des Kindes berührt, schließt es ganz fest seine Fingerchen. Sie brauchen dem Kind nur Ihren Zeigefinger in die Hand zu legen, schon umschließt es ihn und hält ihn fest. Zwischen dem sechsten und neunten Monat greift das Kind jedoch schon gezielt nach Gegenständen. Ungefähr ab dem zehnten Monat ist der Mund nicht mehr das wichtigste Organ, um die Umgebung zu erforschen, sondern Augen und Hände werden immer mehr eingesetzt. Die Auge-Hand-Koordination wird nun zunehmend wichtiger.

Wahrnehmung der Raum-Lage-Beziehung

Das Kind ist in der Lage, sich selbst als Bezugspunkt und die Gegenstände dazu vor, hinter, über oder seitlich von sich wahrzunehmen.

Wahrnehmung von räumlichen Beziehungen mehrerer Gegenstände

Die Wahrnehmung der Lage von mehreren Gegenständen zu sich selbst ist schon etwas schwieriger. Diese Fähigkeit baut sich auf der einfachen Raum-Lage-Wahrnehmung auf.

Wahrnehmung der Form

Die Wahrnehmungsfähigkeit der Form ermöglicht es dem Kind, verschiedene Formen zu erkennen und sie zu Paaren zu ordnen. Diese Fähigkeit wird zum Beispiel beim »Memory« geschult.

Wahrnehmung der Farbe

Dies ist die Fähigkeit, Farben zu sehen, aber auch unterscheiden zu können. Im ersten Lebensjahr lieben Kinder ganz besonders die Farben Rot und Gelb. Es scheint, als ob der rote Anteil im Farbenspektrum eher zu erkennen ist als der blaue. Mit etwa drei Jahren können Kinder die Grundfarben unterscheiden; Grün und Blau werden gelegentlich noch verwechselt. Mädchen verfügen über eine sensiblere Farbwahrnehmung als Jungen.

Visuelles Gedächtnis

Bilder werden mit dem Auge festgehalten und im Gedächtnis gespeichert. Diese Fähigkeit ist eine Grundvoraussetzung für die weitere kognitive Entwicklung des Kindes. Sie kann mit Kim- oder Memory-Spielen unterstützt und gefördert werden.

Kinder sehen anders als Erwachsene. Damit ist nicht nur der physische Ablauf und die Entwicklung beim Sehen gemeint, sondern auch der psychische Anteil daran. Wenn wir als Erwachsene an wichtige Orte unserer Kindheit zurückkehren, stellen wir oft fest, dass plötzlich alles viel kleiner, unscheinbarer und unwichtiger ist, als wie wir es in Erinnerung hatten. Die riesige breite Kopfsteinpflasterallee mit den alten knorrigen Apfelbäumen am Straßenrand erscheint uns nun wie ein kleiner schmaler schmutziger Feldweg, der seine Größe und seine Geheimnisse verloren hat.

Werden Sie sich einmal wieder bewusst, aus welcher Perspektive Kinder sehen. Je nach Größe und Alter sehen Kinder geheimnisvolle Rocksäume, Hosenbeine, Nähte, bestrumpfte Beine. Kinder sehen nicht nur mit den Augen, sondern nehmen mit allen Sinnen Eindrücke ihrer Umgebung auf.

»Nur mit dem Herzen sieht man wirklich gut«, sagt Antoine de Saint-Exupéry in »Der kleine Prinz«. Sehen bedeutet in der Umgangssprache auch Einsicht gewinnen, umsichtig sein, sich eine Ansicht von etwas machen. »Mir geht ein Licht auf«, sagt man, wenn man endlich etwas verstanden, be-griffen hat. Oder: »Da kann man ja seinen eigenen Augen nicht trauen«, wenn wir etwas uns völlig Unverständliches sehen. Der Sehsinn ist heute ganz sicher der am häufigsten gebrauchte, auch wenn er nicht der erste und elementarste Sinn ist.

Wie schmeckt die Welt: der Mund

Der Geschmackssinn ist sehr eng mit dem Geruchssinn verbunden. Babys können schon sehr gut riechen und sind ebenfalls in der Lage, die vier Grundgeschmacksrichtungen süß, sauer, salzig und bitter zu unterscheiden. Die Geschmackszellen sind selbst bei Neugeborenen schon so zahlreich, dass Babys die Nahrung, die ihnen angeboten wird, auch schmecken können.

Die Geschmacksrichtungen süß und salzig werden vorwiegend auf der Zungenspitze wahrgenommen. Sauer und bitter dagegen vom Zungenrand. Aus diesen Grundempfindungen treten viele Geschmacksempfindungen in einer Kombination auf. Eine Orange zum Beispiel kann gleichzeitig süß und sauer schmecken.

Leider ist die Industrie mit ihren vorgefertigten Produkten für die Förderung und Differenzierung des Geschmackssinns nicht unbedingt von großer Hilfe. Industrieprodukte sind oft so stark mit Aroma- und Geschmacksverstärkern versetzt, dass natürliche Nahrungsmittel nicht mehr mithalten können. Ein

Mandarinenjoghurt mit künstlichen Aromastoffen schmeckt viel intensiver als einer mit »echten« Mandarinenstücken, frisch geschält und untergerührt. Wir können unseren Kindern aber das breite sinnliche Geschmackserleben wieder öffnen, wenn wir uns gemeinsam mit ihnen auf die Spurensuche der feinen Nuancen begeben. Wie schmeckt der Quark mit Zitrone, mit frischen Erdbeeren oder mit Knoblauch, Salz und geraspelter Gurke? Der Verschiedenartigkeit und Vielfalt der Geschmacksempfindungen nachzuspüren und dabei Speisen selbst gemeinsam herzustellen, macht allen Kindern großen Spaß.

Der Geschmackssinn macht es möglich, dass wir Nahrungsmittel nicht nur voneinander unterscheiden lernen, sondern sie auch genießen können. Der Geschmackssinn regt die Speichel- und Magensaftabsonderung an und hilft somit beim Verdauungsprozess.

Wie schon gesagt, wirken Geruchs- und Geschmackssinn gemeinsam und unterstützen sich wechselseitig. Düfte reizen unsere Geruchsnerven und bringen uns dazu, Speisen zu kosten, die uns unbekannt sind, weil wir dem feinen Duft nicht widerstehen können. Aber Sie kennen sicher auch die gegenteilige Wirkung. Sollen Kinder eine unangenehm riechende Medizin schlucken, dann wird ihnen oft geraten, einfach die Nase zuzuhalten. Mit verbundenen Augen und zugehaltener Nase sind wir oft nicht mehr in der Lage, Nahrungsmittel zu unterscheiden.

Schon im Mutterleib entwickelt der Fötus Vorlieben für bestimmte Geschmacksrichtungen. Seine Geschmacksnerven sind etwa ab dem dritten Monat ausgebildet und schon bei der Geburt sind die Geschmacksempfindungen bereits so gut entwickelt, dass das Baby auf süße Reize mit vermehrtem Saugen und bei sauren oder bitteren Reizen mit Vermeidungsverhalten reagiert.

Überall auf der Zunge und in der gesamten Mundhöhle befinden sich die Geschmacksknospen, die Rezeptoren für den Geschmackssinn. Sie reagieren nur auf wasserlösliche Stoffe. Feste Körper können erst »geschmeckt« werden, wenn sie mithilfe des Speichels aufgelöst worden sind. Und gerade darin liegt der Reiz für die Geschmackszellen. Durch Lutschen und Kauen wird ein fester Gegenstand aufgelöst und gibt seinen anregenden Geschmack an die Rezeptoren frei.

Die Geschmackszellen erneuern sich ungefähr alle zehn Tage. Erst im Alter nimmt die Geschmacksfähigkeit ab. Sie kann allerdings auch schon in jungen Jahren durch den intensiven Genuss von Nikotin, Koffein oder Drogen stark in ihrer Leistungsfähigkeit beschränkt werden.

Die Mundhöhle steht mit dem Nasenraum durch eine Öffnung in Verbindung. Dadurch gelangen Geruchsstoffe bis zu den Riechrezeptoren und lösen entsprechende Empfindungen aus. Die starke Verbindung von Geschmacks- und Geruchssinn wird besonders deutlich, wenn wir Schnupfen haben. Wir können die Nahrungsmittel nicht mehr schmecken, weil der Verbindungskanal zum Nasenraum nicht mehr genug geöffnet ist.

Auch die Redewendungen in der Alltagssprache verraten so einiges über die Bedeutung des Geschmackssinns. »Der hat einen guten Geschmack«, sagen wir anerkennend, wenn uns die Wohnung oder der Partner eines Menschen ausnehmend gut gefallen. Oder: »Über Geschmack lässt sich nicht streiten«, wenn wir eine andere Meinung vertreten. Man kann sich darüber hinaus »geschmacklos« anziehen, in den »sauren Apfel beißen« oder in einer Beziehung ein »bitteres Ende« erleben. Die emotionale Qualität des Geschmackssinns ist nicht zu verleugnen.

Alles gut riechen können: die Nase

Auch wenn der Geruchssinn wissenschaftlich weniger erforscht wurde als die übrigen Sinne, weiß man heute jedoch sicher, dass Neugeborene schon sehr gut riechen können. Unmittelbar nach der Geburt erkennt das neugeborene Kind seine Mutter am Geruch ihrer Haut und findet, von den Duftsignalen angezogen, sofort die Brustwarze, um sogleich genüsslich daran zu saugen. Selbst im Schlaf funktioniert der empfindliche Geruchssinn des Babys. Der Geruch der mütterlichen Haut beim Stillen ist das erste große Duftvergnügen des Kindes. Das Wiedererkennen des vertrauten Geruchs gibt dem Baby eine Extraration an Sicherheit und Geborgenheit.

Bei etlichen Tierarten ist der Geruchssinn besser ausgebildet als beim Menschen, zum Beispiel bei Hunden. Dort dient er größtenteils als Orientierungssinn. Aber auch im menschlichen Leben gibt es Situationen, in denen die wichtigsten Informationen aus unserer Umgebung über die Nase aufgenommen werden. Zum Beispiel bei einem Brand.

Gerüche gehören zu unserem Alltag wie die tägliche Luft zum Atmen und daher brauchen wir uns nicht besonders zu bemühen, Extraanregungen für unsere Kinder zu schaffen. Unterstützung bei der Differenzierung des Geruchssinns brauchen sie lediglich darin, dass wir ihnen dabei helfen, die Düfte zu unterscheiden und zu benennen.

Der Duft von frisch aufgebrühtem Kaffee weckt auch die Lebensgeister von Nicht-Kaffeetrinkern. Der Geruch von frisch gebackenem Brot oder Kuchen verursacht ein Gefühl von Wärme, Geborgenheit und weckt den Appetit. Die Autoabgase in den Städten nehmen wir besonders intensiv war, wenn wir aus einem kleinen Dorf vom Lande kommen. Der Bohnerwachsgeruch in alten Hausfluren erinnert an den Samstagsputz und der Duft von Rosmarin und Thymian an den Italien- oder Griechenlandurlaub.

Düfte verbinden sich besonders stark mit Erlebnissen und graben sich tief in das Gedächtnis eines Menschen ein. Riechen wir den Duft Jahre später an einem völlig anderen Ort wieder, wird das dazugehörige Erlebnis auf der Stelle wieder belebt.

Die Bedeutung des Geruchssinns ist seit einiger Zeit zunehmend wieder entdeckt worden. Kräuterextrakte, Gewürze, Heilpflanzen, Räucherkerzen und Aromaöle entfalten über den Geruchssinn ihre Heilkraft und wirken heilend, belebend, entspannend und wohltuend auf Körper und Seele. Duftstoffe können die Konzentration fördern und depressive Verstimmungen aufhellen. In vielen alten Kulturen spielen gezielt eingesetzte Düfte eine wichtige Rolle. Die Duftstoffe stammen aus den ätherischen Ölen einer Pflanze, die durch Wasserdampf-Destillation gewonnen werden. Selbst im Supermarkt können Sie inzwischen eine kleine Öllampe kaufen und zwischen verschiedenen Aromaölen auswählen.

Wir haben schon gehört, dass der Geruchssinn sehr eng mit dem Geschmackssinn verbunden ist. Beide Sinnessysteme reagieren auf chemische Reize und zeichnen sich durch eine hohe Anpassungsfähigkeit aus. Wenn wir gewohnt sind sehr scharf zu essen, stumpfen die Geschmacksempfindungen ab und wir können in eine scharfe Peperoni beißen, die anderen Menschen die Tränen in die Augen schießen lassen würde. Oder wir leben an einem Verkehrsknotenpunkt und haben uns nach einiger Zeit an die ständige Luftverschmutzung gewöhnt. Wie stark es wirklich nach Abgasen riecht, kann nur noch unser Besuch riechen, der aus einem Luftkurort von der Schwäbischen Alb kommt.

Im obersten Nasengang befindet sich die Riechschleimhaut mit Riechzellen und Sinneshärchen. Der Nasengang ist mit einem dünnflüssigen Schleim ausgekleidet, in dem die Moleküle der Duftstoffe gelöst werden. Nur die Stoffe sind riechbar, die sich in der Nasenschleimhaut lösen können. Die Duftstoffe werden beim Einatmen durch die äußere Nasenöffnung aufgenommen.

Schnelle Atemzüge, das so genannte Schnüffeln, beschleunigen die Duftzufuhr zu den Riechrezeptoren, sodass man ganz besonders gut riechen kann. Die Riechzellen erneuern sich genauso häufig wie die Geschmackszellen.

Es gibt tausend verschiedene Duftstoffe, die von uns oft ganz unterschiedlich bewertet werden. Gerüche haben bei ihrer Bewertung also auch einen starken emotionalen Anteil, denn zwischen den Riechbahnen und dem limbischen System, das für die emotionale Auswertung von Sinneswahrnehmungen im Gehirn verantwortlich ist, besteht eine enge Verbindung. Während der Bohnerwachsgeruch am Samstag im Hausflur für den einen die Erinnerung an harmonische, glückliche Wochenenden mit den Eltern wiederbringt, kann er für einen anderen Menschen mit der Schreckenserinnerung an Bohnernmüssen und der samstagabendlichen Heimkehr eines lauten, betrunkenen Vaters verbunden sein.

Geruchserfahrungen graben sich für lange, lange Zeit tief in unser Gedächtnis ein und können auch nach Jahren noch aktiviert werden.

Auch die Redewendungen der Alltagssprache verraten einiges über die emotionale Qualität dieses Sinnes.

Wen man »gut riechen« kann, der ist sehr beliebt. Das Gegenteil ist der Fall, wenn man jemanden »überhaupt nicht riechen« kann. In solchem Falle bittet man denjenigen, schnellstens »zu verduften«, weil es einem nun endgültig »stinkt«. Der Geruchssinn charakterisiert also Neigungen und Abneigungen sowie eigene Stimmungen.

3. Kapitel

Das Verhältnis zum eigenen Körper

In seinen ersten Lebensmonaten erlebt der Säugling Lust, Befriedigung und Geborgenheit hauptsächlich über den Hautkontakt, über seine Lippen und die Mundregion. Zusätzlich zur Wonne des Saugens an der Brust kommt die Lust am Geschaukelt- und Gewiegtwerden. Zwischen dem sechsten und achten Lebensmonat entdecken die Babys ihre Geschlechtsteile und gehen auf Körperentdeckungsreise. Sie stellen sehr schnell fest, dass es Körperregionen gibt, die ganz besonders viel Lust bereiten. Ungefähr in diese Zeit fällt auch das Abstillen und damit der Verlust einer ungeheuren Wonnequelle. Lust und körperliches Glück müssen nun woanders entdeckt werden. Alles, was dem Kind in die Hände fällt, wandert zunächst einmal in den Mund und wird belutscht, besabbert und zerbissen. Hat es gelernt, seine Schließmuskeln zu kontrollieren, entdeckt es die sinnliche Freude an dieser Funktion. Spielen mit Brei, Matschen und Spielen mit dem eigenen Kot sind nichts Ungewöhnliches. Der Gang auf die Toilette bereitet sogar doppeltes Vergnügen. Erstmalig kann das Kind nun etwas Eigenes produzieren und zudem scheint dieses Geschäft ausgesprochen wichtig zu sein, sonst würden die Erwachsenen nicht so viel Aufhebens davon machen. Aber Vorsicht! Ungeduld der Eltern, Zwang bei der Ausscheidung und Abwerten der Exkremente als Schmutz sorgen für ein negatives Verhältnis zum eigenen Körper. Ein anerzogener Ekel vor den eigenen Ausscheidungen kann sich auf das gesamte Sexualempfinden auswirken.

Nach und nach entdecken die Kinder nun sämtliche Facetten körperlicher Freude. Sie schmusen, balgen sich herum, untersuchen ihren Po, urinieren voreinander und wollen mit den Eltern aufs Klo, um zu gucken. Das neugierige Spiel mit den Geschlechtsteilen wird immer gezielter. »Doktorspiele« haben nun einen hohen Beliebtheitsgrad. Die Kinder ziehen sich gegenseitig aus, untersuchen sich, betasten sich, stellen die Unterschiede fest und spielen »Liebe machen«, »Kinderkriegen« oder »Heiraten«.

Durch dieses Experimentieren lernen Kinder sich selbst und das andere Geschlecht verstehen und sie erspüren, was Freude und Spaß macht und was nicht. In dieser Zeit sollte es erwachsenenfreie Zonen geben und Eltern sollten den Wunsch nach Intimität ihrer Kinder respektieren.

Unsere eigene Haltung trägt entscheidend dazu bei, welches Verhältnis das Kind zu seinem Körper, seinem eigenen und dem anderen Geschlecht entwickelt. Denn vielmehr als über gut gemeinte Worte lernt das Kind über unser Tun. Sexualerziehung kann nicht losgelöst von der gesamten Persönlichkeitsentwicklung gesehen werden. Die Entwicklung der Sexualität ist verbunden mit der sozialen Erziehung und der Beziehung des Kindes zu seinen nächsten Bezugspersonen. Überall wo Beziehung ist, geschieht Sexualerziehung. Das heißt aber nicht, dass Kinder an erwachsene Formen der Sexualität herangeführt werden sollten oder in die Details des elterlichen Geschlechtslebens eingeweiht werden. Eine vertrauensvolle Haltung dem Kind gegenüber, ein bejahendes Gewährenlassen hilft dem Kind, seinen Körper voller Neugier und Freude zu entdecken. Als Eltern können wir dafür sorgen, dass das Kind genügend Streicheleinheiten bekommt, dass seine Bedürfnisse nach Zärtlichkeit, Wärme, Hautkontakt, Nahrung gestillt werden. Ein Kind muss sich willkommen fühlen auf dieser Welt und sich – so wie es ist, mit Körper und Seele – geliebt und respektiert wissen. Eine differenzierte Entwicklung der Sinne und Gefühle ist ein wesentlicher Baustein für ein reiches Sexualleben im Erwachsenenalter. Ein Kind, das geliebt wird, lernt, sich so anzunehmen, wie es ist, und es lernt, einem anderen Menschen ebenfalls mit Liebe zu begegnen.

Erschreckenderweise wachsen heute die Belege dafür, dass besonders jüngere Eltern verunsichert darüber sind, was an körperlicher Zärtlichkeit bei ihren Kindern zulässig ist und was schon die Grenze zur Missbrauchsprävention überschreitet.

Sinnlichkeit, die Kultur und der Genuss unserer Sinneswahrnehmungen hat noch eine weitere, wichtige Bedeutung. Denn nur, wer seinen Körper wirklich richtig »kennt«, kann Veränderungen daran feststellen. Wer sich für das Leibliche interessiert, der entwickelt auch einen »Sinn« dafür, was ihm fehlt und was er braucht, um wieder ganz gesund zu werden.

Am Anfang ihres Lebens haben Kinder noch einen idealen, unverbogenen Kontakt zu ihrem eigenen Körper. Sie lieben es, im Sommer nackt herumzuspringen, sich selbst zu erforschen, andere Kinder anzuschauen und zu untersuchen. Sie erforschen gegenseitig ihre Pickel und Narben, experimentieren mit Spucke, Schweiß, Ohrenschmalz und schauen sich genau an, was sie im Klo hinterlassen. Sie kennen sich mit ihrem ganzen Körper noch genau aus.

Liebesspiele

Ja, ich denke schon, dass die Kinder heute immer früher reif werden, sexuell meine ich (politisch wahrscheinlich auch, aber davon später). Der Erziehungsberater erinnert sich, dass er mit acht Jahren zum ersten Mal heiraten wollte, ein Mädchen namens Uta. Heute haben die Kinder solche Vorstellungen und noch ganz andere bereits mit sechs. Anne jedenfalls steht morgens eine Viertelstunde lang vor dem Spiegel, malt die Lippen grellrot an und die Augenlider hellblau und erzählt beim Frühstück von ihrer Beziehung zu Felix, dem

Nachbarjungen, sechs Jahre alt auch er. Neulich hat Antje die beiden nackt in Annes Bett erwischt. (So weit ist es zwischen Uta und mir überhaupt nie gekommen.)

»Wir spielen verliebt!« haben sie gebrüllt und sich die Decke über die Ohren gezogen, sodass man nur noch gedämpftes Kichern hörte.

»Ja, und wie reagiert man da in so einer Situation?«, fragte besorgt eine kinderlose Kollegin.

Gott, wie reagiert man?!

»Möchtet ihr noch etwas Kakao?« Oder: »Vergesst nachher nicht, die Bauklötze aufzuräumen.«

Und dann geht man eben wieder.

So weit ist ja gegen diese Beziehung nichts einzuwenden. Der Felix ist ein netter Kerl, solange man ihm vom Obstsalat nicht die Maraschino-Kirsche wegisst – dann bekommt er ganz rote Haare und schmeißt mit Glas.

Anne hat gesagt: »Ich finde, dass der Felix lieb ist. Wenn er mich haut, kommt er sofort und entschuldigt sich.«

»Sag mal, Anne, wäre es dir nicht noch lieber, er würde dich gar nicht hauen?«

Jaja, hat Anne geantwortet, sie habe das auch nur zum Spaß gesagt.

»Neulich habe ich zum Beispiel die Augen zugemacht, und er hat mich gegen die Haustür geschubst, und es hat gar nicht wehgetan – sooo lieb ist er!« Der Felix.

Also, es ist eine überaus harmonische Beziehung voller Rücksichtnahme und Zärtlichkeit und außerdem sehr praktisch, weil Felix, wie gesagt, gleich im Reihenhaus nebenan wohnt. Sollte übrigens eines von den anderen Reihenhäusern frei werden, weil jemand auszieht, hat Anne gesagt, »dann ziehe ich mit dem Felix da ein«. Ich nehme an, nächstes Jahr ist es so weit.

(aus: Axel Hacke: »Der kleine Erziehungsberater«. Verlag Antje Kunstmann)

Von Beginn ihres Lebens an sind Kinder auch sexuelle Geschöpfe. Die Entdeckung der Lust am eigenen Körper kann Eltern sowohl erfreuen als auch verwirren. Die jahrhundertelange Unterdrückung von Sinnlichkeit, Erotik und Sexualität hat ihre Spuren hinterlassen. Manchen Eltern fällt es immer noch schwer, über diese Themen zu sprechen oder die Lust der Kinder am eigenen Körper zuzulassen. Besonders peinlich wird es für sie, wenn andere Erwachsene zusehen, wie ihr kleiner Junge an seinem Penis spielt oder das kleine Mädchen sich lustvoll an Sofaecken und Sessellehnen reibt.

Die Lust und das Interesse am eigenen Körper beginnen bereits mit dem ersten Saugen an der Mutterbrust. Die sinnliche Lust ist Trieb und Antrieb zugleich und drückt sich als Lebensenergie auf vielfältige Weise aus: durch das Bedürfnis nach Hautkontakt, durch die Freude an der Entdeckung des eigenen Körpers, durch die Lust am Strampeln, Krabbeln, Schaukeln, Raufen und Toben.

Die Grundlagen für das spätere Körper-, Sexual- und Liebesverhalten werden nicht erst mit den ersten intimen Körpererfahrungen oder dem Sexualakt gelegt, sondern schon sehr viel früher durch die Erfahrungen sämtlicher Sinnesorgane. Drückt das Gesicht der Mutter Wärme aus oder Bedrohung, Kälte und Distanz? Wie erlebt das Kind sein erstes Ausgeliefertsein an die menschlichen Stimmen? Hört es freundliche, warme Töne oder schrille, laute, unfreundliche? Diese sinnlichen Grunderfahrungen entscheiden mit darüber, ob es sich später seinem Körper und seinen Mitmenschen voller Lust und Freude zuwenden kann oder nicht.

Entscheidend für die Entwicklung der eigenen Körperbeziehung sind aber auch die ersten Berührungserfahrungen des Kindes. Wird es liebevoll in den Armen gehalten, gewärmt und gestreichelt oder gezogen, gedrückt und gequetscht? Wird es behutsam aus seinem Bettchen herausgehoben oder herausgerissen? Wird es abgetastet, untersucht oder erhält es von den

Geschwistern Knüffe und Hiebe? Wird es mit Zärtlichkeit bedacht, ohne dass es sich beim Abküssen fast erdrückt fühlt? Ein Kind in den Anfängen seines Lebens ist körperlichen »An-griffen« oder Unterlassungen wehrlos ausgeliefert, wenn die Erwachsenen nicht auf seine Lust- oder Unlustäußerungen Acht geben und sich entsprechend verhalten.

Beim Spiel mit dem eigenen Körper oder dem der anderen Kinder wird nicht nur jedes Körperteil erforscht, sondern auch eindeutig Lust gewonnen. Das geschieht sehr oft unter Ausschluss der Erwachsenenwelt, aber nicht deshalb, weil die Kinder sich bewusst sind, etwas »Unerlaubtes« zu tun, sondern weil sie es herrlich finden, etwas ganz für sich allein zu entdecken und zu erleben. Diese Impulse drücken einzig und allein die kindliche Lebensfreude aus und sind ein Gradmesser dafür, dass der körperliche und seelische Haushalt in harmonischer Balance zueinander stehen. Deshalb sollten Sie sich als Eltern auch keine Sorgen machen, wenn Ihr Kind sich für seinen eigenen Körper interessiert. Andersherum besteht ein Grund für Nachdenklichkeit: Was ist los mit meinem Kind, warum zeigt es keinerlei Freude und Lust an seinem Körper?

Kinder wollen und müssen die gesamte Sinnlichkeit ihres Körpers erfahren. Bestrafung oder die Verbindung mit negativen Gefühlen dazu führen zu gravierenden Störungen, die bis ins hohe Erwachsenenalter nachwirken können.

Eltern sollten daher die kindliche Entdeckung der Sinne – aller Sinne – wohl wollend begleiten, den Kindern zwar »zur Seite stehen«, aber auch genügend Distanz wahren, damit das Kind Spiel-Raum und Intimität erhält. Umgekehrt sollten die Kinder aber auch nicht zur Entdeckung ihrer Sexualität gedrängt werden. Die Impulse dazu sollen einzig und allein vom Kind selbst kommen.

Je freier ein Kind seinen eigenen Körper und den der anderen entdecken kann, je weniger es dafür missachtet oder bestraft wird, desto größer ist die Chance, dass es als Erwachsener in der Lage sein wird, seine Körperlichkeit lustvoll zu erleben und Lust und Zärtlichkeit auch an andere weiterzugeben.

Da die Trennung in Körper, Seele und Geist nur eine theoretische ist, wirkt ein harmonisches Verhältnis zum eigenen Körper naturgemäß auch auf die Seele und den Geist äußerst positiv.

Ein sinnenfrohes, sinnenbegabtes Kind kann sich ausgezeichnet entspannen. Beobachten Sie einmal die Kinder im Schwimmbad. Wie sie es genießen, ins Wasser zu springen oder unter der Dusche zu stehen. Sie jauchzen und schreien und nicht nur Wasser rinnt an ihrem Körper herunter, sondern das reinste Wohlbehagen. Die Erwachsenen dagegen schwimmen mit verkniffenen Gesichtern brav ihre Runden und denken lediglich daran, dass sie noch mindestens fünf Runden schwimmen müssten, um ihr »Soll« zu erfüllen. Die Gedanken sind oftmals schon bei Projekten danach. Oder hören Sie einmal Kindern zu, die heimlich mit Konzerten aus ihren Hosen wetteifern. So ein befreiendes Lachen, ja solche Lachkrämpfe gibt es bei Erwachsenen nicht mehr.

Schon früh wird den Kindern der Spaß am Körper und seinen eigenen Lauten genommen. Diese körperliche Entspannung, die auch immer mit Lust verbunden ist, passt nicht in die zivilisierte Welt der Großen. Rülpsen und Furzen galten gerade noch zu Martin Luthers Zeiten als Laute des Wohlbefindens, heute jedoch sind sie ein Zeichen für mangelnde Erziehung. Der Zugang zur sinnlichen Entspannung wird uns im Laufe des Heranwachsens zunehmend entzogen. Lernen wir parallel dazu nicht, uns über Sinneserlebnisse, die andere Menschen nicht stören, Entspannung und Lebensfreude zu schaffen, dann werden wir als Erwachsene verkrampft, unausgeglichen und haben es sehr schwer, den Zugang zu den sinnlichen Quellen wieder zu öffnen.

Wann haben Sie das letzte Mal den warmen Mai-Regen auf

ihrer nackten Haut gespürt und sich dabei so geborgen und eins mit dem Leben gefühlt?

Die Flucht in die Welt der Drogen kann ein Versuch sein, die sinnlichen Mangelerfahrungen zu kompensieren, denn der Drogenrausch ist ein extrem sinnliches Erlebnis, der die Grenzen der normalen Erlebnisfähigkeit in den meisten Fällen sprengt, wohingegen die Überbetonung von Leistung kein Ersatz für sinnliches Erleben darstellt. Gerade in der schwierigen Umbruchssituation während der Pubertät ist der Heranwachsende besonders anfällig für sinnliche Erlebnisse. Sehnsucht nach der Fülle des Kinderlebens, psychische Labilität, Umstrukturierung der gesamten Persönlichkeit, Fernweh, sexuelle Fantasien und die Verführbarkeit, die zu dieser Altersphase gehören, begünstigen das Abdriften in die Drogenwelt auf der Suche nach dem verlorenen Sinnenparadies.

Dieser Gefahr können Eltern vorbeugen, indem sie die Sinnlichkeit ihres Kindes akzeptieren und dafür Sorge tragen, dass alle Sinne genügend »Nahrung« erhalten. Es ist keine Zeitverschwendung, wenn das Kind auf dem Weg zum Kindergarten stehen bleibt, um eine besonders schöne Sonnenblume atemlos zu betrachten. Kinder besitzen noch ein großes Maß an Selbstvergessenheit und zeitloser Genussfähigkeit. Wenn sie ihre Hände unter den Strahl eines Brunnens halten, erleben sie körpernah das zeitlose Fließen und Strömen eines nicht versiegenden Elementes. Sie tauchen ihre Hände in die »Ewigkeit« ein und schließen die Ganzheit ihres Körpers, ihrer Seele und ihres Geistes an die Kraft dieser Urquelle an.

Die Zeit und sich selbst vergessen, das heißt Schauen, Verweilen, Betrachten, Staunen, Lauschen und den Duft einatmen. Ein Kind, das den Glanz von sinnlichen Erlebnissen erfahren hat, ist verwurzelter, gefestigter in seinem Leben und gemeinschafts- und kontaktfähiger.

Die Sinnlichkeit der Kinder kann aber auch gelegentlich in

Exzesse ausarten, die wir als Erwachsene nicht zulassen dürfen. Genauso wie im Leben von Erwachsenen gibt es im Leben von Kindern auch einmal Situationen, wo sie »wie von Sinnen« sind. Situationen, in denen sich ein Rausch, eine Orgie verselbstständigt, sodass das Kind wachgerüttelt werden muss, damit es wieder zur Besinnung kommt und in seine psychische Ordnung zurückfindet. Dies sind Situationen, in denen zum Beispiel auf grausame Art mit Tieren »gespielt« wird. Wenn Frösche bis zum Platzen aufgeblasen werden oder kleine Fische und Meerestiere zu Brei zermatscht werden, um damit dann herumzuschmieren. Solche Handlungen müssen unbedingt mit dem Kind besprochen werden, damit es auch bei seinen sinnlichen Erfahrungen seine Grenzen kennen lernen kann.

Wann und wie eingreifen ist immer eine Frage der jeweils gegebenen Situation. Körperliche Erfahrungen bei Kindern zuzulassen ist kein hilfloser Rückzug aus Schwäche, sondern die Mühe, sich ein angemessenes Maß und die richtige Art des Eingreifens oder Nichteingreifens je nach Situation gut zu überlegen. Oftmals ergeben sich Situationen, in denen der Erlebnisgewinn, wie schon früher erwähnt, in keinem Verhältnis zum Aufwand oder zu einem möglichen Gefahrenrisiko steht. Auch dann ist eine Begrenzung der Erfahrung notwendig. Ebenso, wenn die Bedürfnisse anderer Lebewesen übergangen zu werden drohen. Mit etwas Fantasie lassen sich aber unglaublich viele Ersatzspiele erfinden, wenn wir als Erwachsene tatsächlich gezwungen werden, ein sinnliches Erlebnisspiel abzubrechen.

Eine gesunde Einstellung zur Sexualität

Es wurde schon erwähnt, dass Sexualität in vielen Familien leider immer noch ein Tabuthema ist. Eine verunsicherte, verschämte Einstellung zur Sexualität, mangelnde Aufklärung und Information können fatale Folgen haben. Es sollte uns zu denken geben, dass in England und den USA die »Pille danach« an 13-jährige Mädchen verteilt werden kann, wenn sie ungewollt schwanger geworden sind. Warum nicht vorher aufklären und verhüten? In einem Familienklima, in dem das Entdecken des eigenen Körpers und die Sexualität natürlich und selbstverständlich sind, ist es für Kinder leichter, eine gesunde Einstellung zur Sexualität zu entwickeln. Sexualität ist ebenso natürlich wie das Verdauungs- und Ausscheidungssystem.

Nach der sexuellen Befreiung in den sechziger und siebziger Jahren gerieten in den neunziger Jahren mehr die Schattenseiten der Sexualität in das Blickfeld der Öffentlichkeit, besonders auch durch das immer noch aktuelle Thema des sexuellen Missbrauchs von Minderjährigen. Die Menschen und die Medien reagierten sensibler auf das Thema Sexualität, manchmal sogar übertrieben sensibel, wenn in fast jedem Mann ein potenzieller Vergewaltiger gesehen wurde. Auch bei Ehescheidungen wurde gern Missbrauch mit dem Kindesmissbrauch getrieben, um sich eine günstigere Ausgangsposition beim Streit um das Sorgerecht zu verschaffen. Wenn Kinder lernen, dass ihr Körper ganz allein ihnen gehört und niemandem sonst zur freien Bedienung zur Verfügung steht, sind sie seltener Opfer von Missbrauch und können sich selbst besser schützen. Dazu gehört auch, dass Kinder nicht gezwungen werden sollten, die ungeliebten, ja oft sogar als eklig empfundenen Küsse von Onkel und Tanten oder sonstigen Verwandten über sich ergehen zu lassen. Für viele Kinder ist es unangenehm, auf den Mund geküsst zu werden und zu erleben, dass ihre Abwehr brutal übergangen wird. Ein erwachsener Mann berichtete, dass seine Mutter ihn jahrelang gegen seinen Willen auf den Mund geküsst hat. Sie war Kettenraucherin und er fand die Küsse ekelhaft. Seine Einstellung zu dieser körperlichen Zärtlichkeit wurde dadurch schwer geschädigt. Die Gefahr ist groß, dass Eltern ihr eigenes Zärtlichkeitsbedürfnis an ihren Kindern befriedigen, ohne auf die Bedürfnisse des Kindes zu achten.

Und diese sind, um eine gesunde Einstellung zum Körper und zur Sexualität sicherzustellen, auf jeden Fall Wärme, körperliche Nähe, Berührungen und Hautkontakt. Dabei sollte aber auf jeden Fall das Bedürfnis des Kindes im Vordergrund stehen. Wie viel Nähe braucht mein Kind wirklich?

Ist das Fundament für eine gute Einstellung zum Körper in der frühen Kindheit gelegt, sollten die Eltern nicht plötzlich damit abbrechen. Kinder erfahren immer etwas über Sexualität: aus Zeitschriften, Fernsehen, Videos, aus dem Internet, von älteren Kindern und in der Schule. Oftmals erhalten sie völlig falsche Informationen oder interpretieren sie zumindest nicht richtig. Auch vor abwertenden Bemerkungen über das andere Geschlecht können wir unsere Kinder kaum schützen. Wenn wir vermeiden, über Sexualität zu sprechen, vermitteln wir den Kindern nur indirekt als Botschaft: »Dies Thema ist unerlaubt und unanständig.« Wenn wir erreichen wollen, dass unsere Kinder eine gesunde Einstellung zur Sexualität entwickeln, sollten wir als Eltern die Ersten sein, die über dieses Thema mit ihnen sprechen. Bei aller Gesprächsbereitschaft sollte Eltern jedoch klar sein, dass sie nur Erfolg haben werden, wenn sie selbst auch als Vorbild und gutes Beispiel vorangehen. Kinder müssen erleben, dass den Eltern der Körper auch Freude macht. Dass sie Vergnügen an einem erfrischenden Bad in einem Badeweiher haben oder sich voller Zärtlichkeit abends aneinander kuscheln können. Sexualität bedeutet nicht nur Geschlechtsverkehr, sondern eben auch, wie wir die verschiedensten Empfindungen und unser Körpergefühl gebrauchen und erleben. Wenn Eltern ihren eigenen Körper, den ihres Partners und den des Kindes respektvoll und mit Achtung behandeln, entsteht eine Beziehung voll Vertrauen, Liebe und Kraft. Der natürliche Umgang mit dem nackten Körper vermittelt dem Kind die Erfahrung, dass es so sein darf, wie es ist, und sich für gar nichts schämen muss.

Wenn kleine Kinder beginnen, ihre Körperteile zu erforschen, können wir eine ehrliche Gesprächsgrundlage herstellen, indem wir alle Körperteile beim richtigen Namen nennen. Auffallend ist, dass es in der Umgangs- und Vulgärsprache mehr als 100 verschiedene Bezeichnungen für den Penis und den Busen gibt, für den Knöchel aber nur eine einzige. Diese Tatsache bedeutet nicht, dass es an Fantasie für die Bezeichnung eines Knöchels mangelt, sondern demonstriert die Einstellung unserer Gesellschaft zur Sexualität.

In den Wörtern der Umgangs- und Vulgärsprache schwingt etwas Unnatürliches, Schmutziges und Unerlaubtes mit. Mit ihrem Gebrauch vermeiden wir die direkte Bezeichnung der Sexualorgane.

Beantworten Sie Fragen Ihres Kindes zum Thema Sexualität kurz, genau und ohne falsche Scham oder Verlegenheit. Nur so kann es gelingen, dass die Kinder lernen, dass dies nichts Unnatürliches oder Verbotenes ist.

Alltägliche Situationen bieten die besten Lernmöglichkeiten, z.B. wenn jemand in der Verwandtschaft oder Nachbarschaft ein Baby erwartet oder die Katze Junge geworfen hat. Bei dieser Gelegenheit können Kindern auf praktische Weise Informationen und Werte vermittelt werden, sie lernen, sich als ein sexuelles Geschöpf zu begreifen.

Praktische Aufklärung

- ☑ Benutzen Sie Situationen, wie oben genannt, um ihren Kindern Wissen zu vermitteln. Zwingen Sie sie nicht dazu, wenn sie kein Interesse zeigen.
- ☑ Scheuen Sie sich nicht, klar und deutlich zuzugeben, wenn Sie einmal keine Antwort auf die Frage Ihres Kindes wissen.
- ☑ Bereiten Sie sich rechtzeitig mit Ihrem Partner auf Ihre Vorgehensweise vor. Manchmal ist es sehr schwer, spontan die richtige Antwort zu finden. Es gibt spezielle Aufklärungsbücher für Eltern, die Ihnen Anregungen für kindgerechte Formulierungen geben.
- ☑ Versuchen Sie, so normal wie immer zu sprechen. Sollte es ein Thema geben, das Ihnen Schwierigkeiten macht, so sagen Sie das Ihrem Kind. Es merkt es ohnehin.
- ☑ Geben Sie korrekte Antworten, die das Kind nicht verwirren. Wenn Sie nur sagen, das Baby sei im Bauch, und Sie haben einen Tag vorher erklärt, auch die Spaghetti wanderten dorthin, dann stellt das Kind sich eben vor, dass die Spaghetti auf das Baby gefallen sind und ihm nun um die Ohren hängen.
- ☑ Aufklärung sollte nicht zum sachlichen Biologieunterricht werden. Vermitteln Sie dem Kind, dass es Spaß macht, dass man sich dabei liebt und zärtlich ist. Für Spannung, Lust und Wohlempfinden gibt es viele Begriffe, die auch Kinder in diesem Zusammenhang verstehen. Beziehen Sie die lustvollen Erfahrungen, die die Kinder bereits gemacht haben, dabei ein.
- ☑ Sprechen Sie mit Ihren Kindern über die zu erwartenden körperlichen und seelischen Veränderungen in der Pubertät, bevor die Kinder im Teenageralter sind. Das kann bereits vor dem 10. Lebensjahr geschehen.

☑ Mädchen sollten über Erektion und Samenerguss genauso Bescheid wissen, wie Jungen über den weiblichen Zyklus und die Menstruation.

Das Ziel der Aufklärung sollte sein, dass Kinder nicht nur darüber informiert werden, wie das Baby in den Bauch kommt, sondern dass ihnen auch eine positive Grundeinstellung zum Körperlichen, zur Lust, zum Sex, zur Liebe und zu einer erfüllten Beziehung zum Partner vermittelt wird. Umfragen ergaben, dass nur die Hälfte aller Jugendlichen von ihren Eltern aufgeklärt wurden. Die andere Hälfte holte sich die Informationen von Geschwistern, Freunden oder bei Gesprächen auf dem Schulhof.

Aufklärung darf nicht als ein einmaliges Ereignis verstanden werden. Genauso wenig wie die Förderung der Sinnesentwicklung und -wahrnehmung. Sie ist ein Prozess, der die gesamte Entwicklung des Kindes begleitet. Kinder beginnen zu ganz unterschiedlichen Zeitpunkten Interesse an Sex und am Kinderkriegen zu zeigen. Es ist daher sinnlos, wenn Sie von sich aus die Themen anschneiden. Wenn Kinder erleben, wie in nächster Nähe jemand ein Baby erwartet, kann es sein, dass sie schon mit zwei Jahren neugierige Fragen stellen. In anderen Fällen wollen sie vielleicht noch mit vier Jahren nichts darüber wissen. Wenn Kinder aber auch nach ihrem fünften Geburtstag noch keinerlei Interesse an der Fortpflanzung zeigen, sollten Eltern nachforschen, was der Grund sein könnte. Vielleicht hat das Kind aus anderer Quelle beängstigende Informationen erhalten und traut sich nicht, weiter zu fragen. Hat es aber nur kein Interesse, dann warten Sie, bis es sich von selbst meldet.

Wenn Sie mit Kindern über Sexualität sprechen, sollten Sie sich wie sonst auch verhalten. Denn wenn Sie plötzlich eine andere »Sprache« benutzen, ausschließlich wissenschaftliche oder sogar deftigere Ausdrücke verwenden, spüren die Kinder diesen

Widerspruch und sind verwirrt. Wenn Sie nicht gleich antworten können, sagen Sie das offen und lassen Sie sich vom Kind ein wenig Zeit zur Vorbereitung einräumen.

Seien Sie sich bewusst, dass kleine Kinder öffentliche und intime Situationen noch nicht unterscheiden können. Es ist durchaus möglich, dass ein Vierjähriger vor versammelter Verwandtenrunde laut herausposaunt: »Papi, der Markus onaniert unterm Tisch. Du hast doch gesagt, dass darf er nur, wenn er allein ist!« Auch Zwischenstufen des Begreifens vom Unterschied öffentlicher und intimer Situationen gibt es. So sagte einmal ein fünfjähriges Mädchen, das an einer Bushaltestelle neben einer vollschlanken Dame stand zu seiner Mutter: »Gell, Mami, über die dicke Frau hier sprechen wir erst, wenn wir zu Hause sind?«

Wenn Sie mutig sind, diskutieren Sie an Ort und Stelle. Sie können aber ohne Weiteres die Erörterung des Themas, wie bei anderen Themen auch, auf später verschieben.

Für viele Eltern ist es schwierig, über Sexualität zu sprechen. Sie sprechen dann in einer biologisch-medizinischen Weise darüber, ohne ein Wort über Lust, Sinnlichkeit oder Genuss zu verlieren. Da das Kind aber selbst schon an seinem eigenen Körper erfahren hat, dass die Berührung an bestimmten Stellen sehr viel Lustgefühle auslöst, spürt es, dass da etwas nicht stimmen kann. Deshalb ist es für Eltern hilfreich, sich ein wenig auf kindgerechte Antworten vorzubereiten, bevor das Kind seine ersten Fragen stellt.

Machen Sie sich keine großen Gedanken darüber, wie konkret und detailliert Sie antworten dürfen und sollen, ohne Ihre Kinder zu überfordern. Durch ihre Fragen stecken die Kinder den Rahmen der Antwort selbst ab. In einer guten Familienatmosphäre fragen die Kinder ohnehin so lange weiter, bis sie das erfahren haben, was sie wissen wollten.

Kindermundgeschichten

Verknöchert
Jörn, 3 Jahre, wird nach einem ausgiebigen Bad abgetrocknet. Plötzlich stutzt er: »Mama, eins verstehe ich nicht: Manchmal ist mein Penis mit Knochen und manchmal ohne!«

Entdecker-Freude
Hans, 4 Jahre, ist im Bad und zieht sich aus. Plötzlich ruft er ganz begeistert: »Mama, ich hab in meiner Unterhose eine Tasche gefunden, wo's zum Penis geht!«

Ganz schön prickelnd
Die Eltern waren mit ihrer Tochter Deborah, 6 Jahre, von den Nachbarn auf ein Gläschen Sekt eingeladen. Am nächsten Tag berichtet Deborah ihrer Oma: »Wir waren bei Nachbar's zum Sex!«

Unisex
Eine Mutter fährt mit ihrer zwei Monate alten Tochter im Kinderwagen spazieren. Sie trifft eine befreundete Mutter mit ihrem vierjährigen Sohn Sandro. Der schaut neugierig in den Kinderwagen und fragt dann altklug: »Na, was wird es denn einmal? Ein Junge oder vielleicht ein Mädchen?«

Charmant

Lisa, 11 Jahre, legt ihrer Mutter ihr Biologieheft vor und bittet sie, sie abzuhören, weil sie am nächsten Tag eine Probearbeit schreiben muss. Thema: Unser Körper in der Pubertät. In einer Tabelle unter »zu erwartende körperliche Veränderungen« hat Lisa eingetragen: »Beginnende Charme-Behaarung«.

(Quelle: Zeitschrift Eltern, Februar-, April- und Juni-Ausgabe 2000)

Als Eltern wirken Sie nur glaubhaft, wenn Sie auch über Sexuelles mit Worten sprechen, die Ihnen leicht über die Lippen gehen und die die Kinder von Ihnen gewohnt sind. Spätestens in der Schule, meist schon im Kindergarten, werden Ihre Kinder jede Menge anderer Begriffe zu hören bekommen. Verbotene Worte werden von Kindern in dieser Zeit wie wahre Schätze ausgetauscht. Gebraucht ihr Kind vulgäre Ausdrücke ganz unbefangen in Ihrer Gegenwart, vertraut es Ihnen und ist sich vielleicht nicht ganz klar, was das Wort bedeutet. Wenn Sie das Wort ohne eine Erklärung rigoros verbieten, wird es nur umso interessanter. Wenn Sie das Wort nicht tolerieren möchten, dann sagen Sie das ganz offen. Erklären Sie dem Kind, dass Sie das Wort nicht gebrauchen und sich mit dem Kind auch nicht so unterhalten wollen. Ist der Begriff diskriminierend, erklären Sie das dem Kind.

Wie schon bereits erwähnt, leben Kinder von Geburt an auf ihre eigene Art als geschlechtliche Wesen. Wie sich ihre Sexualität weiterentwickelt wird im Wesentlichen vom Verhalten der Eltern geprägt. Wenn Kinder miterleben dürfen, dass die Eltern sich trotz aller Hektik am Morgen mit einem liebevollen Kuss verabschieden, beim Fernsehen zärtlich aneinander gekuschelt auf dem Sofa sitzen oder sich im Vorbeigehen liebevoll über den Rücken streicheln, wird das ihre Liebesfähigkeit mehr beeinflussen als alles andere.

Andererseits sollten sich Eltern die fatalen Folgen bewusst machen, die entstehen, wenn Kinder für ihr lustvolles, körperliches Empfinden bestraft werden. Sie geraten dann in einen Zwiespalt. Was ihnen so viel Lust und Wohlgefühl macht, möchten sie wieder erleben. Weil es aber verboten ist und sie es dennoch tun, entwickeln sie Schuldgefühle. Schuldgefühle haben eine verheerende Wirkung auf die gesamte Entwicklung eines Menschen. Sie setzen immer das Selbstwertgefühl herab und sie führen in diesem speziellen Fall dazu, dass ein Kind, das über längere Zeit Schuldgefühle verinnerlicht hat, kaum in der Lage ist, im Erwachsenenalter eine lustvolle Sexualität zu erleben. Viele Eltern würden vielleicht nicht einmal auf die Idee kommen, ihren onanierenden Kindern auf die Finger zu schlagen. Aber weil sie es doch irgendwie peinlich finden, schauen sie weg und tun so, als ob sie es gar nicht bemerken. Kinder werden dadurch irritiert. Sie führen eine Handlung aus, die ihnen Spaß macht, und die Eltern sind verlegen. Da kann doch etwas nicht stimmen?

Eine andere Falle kann darin bestehen, dass Eltern es besonders gut meinen und so viel wie möglich über Sexualität sprechen. Sie warten nicht ab, bis die Kinder fragen, sondern überhäufen sie mit Informationen und Vorstellungen, die eher ihre eigenen Einstellungen widerspiegeln.

Grenzsteine

⇨ Kinder sollten von klein auf erfahren, dass Eltern nicht auf ihre Gefühle angewiesen sind und Kinder wiederum nicht verpflichtet sind, bestimmte Gefühle für ihre Eltern zu empfinden. Das käme einem emotionalen Missbrauch recht nahe. Wenn eine allein erziehende Mutter ihren Sohn, mehr oder weniger unbewusst, in eine Partnerersatzrolle zwingt und von ihm Aufmerksamkeit und Zärtlichkeit fordert, so wird das Kind zwangsläufig in seiner Entwicklung geschädigt.

⇨ Kinder sollten erfahren, dass eine innige körperliche Beziehung zu den Eltern keine Pflichthandlung ist. Sie sollten auch erleben, dass sie jederzeit und ohne irgendeine Begründung den körperlichen Kontakt ablehnen dürfen, sei es nun das Begrüßungsküsschen der Oma oder der Gute-Nacht-Kuss des Vaters. Wenn ihnen nicht danach ist, haben sie das Recht, Nein zu sagen, ohne dass die Erwachsenen beleidigt reagieren.

⇨ Die Gefühle der Kinder sind auf jeden Fall zu respektieren, auch wenn sie den Erwachsenen unsinnig erscheinen. Hat das Kind bisher unbefangen in Gegenwart von Erwachsenen seine Bedürfnisse im Bad verrichtet und will jetzt plötzlich allein sein, so sollte das kommentarlos respektiert werden. Auch wenn es bisher nackt im Schwimmbad gebadet hat, jetzt aber unbedingt einen Badeanzug oder eine Badehose haben möchte, sollte diesem Wunsch entsprochen werden, denn dahinter stehen Gefühle, die mit seinem Körper zu tun haben und die ernst zu nehmen sind.

In der späteren Kindheit sind Kinder dann nicht mehr so sehr an Fakten interessiert. Die oft nervenzermürbende Warum-Phase ist vorbei. Das Kind ist an seinem eigenen Körper interessiert und liebt es, ihn mit dem Körper anderer Kinder zu vergleichen. Der Informationsfluss zwischen Eltern und Kind sollte aber auch jetzt keinesfalls abbrechen. Immer wieder tauchen Informationen auf, die verzerrt oder schlichtweg falsch sind und das Kind in falsche Vorstellungen hineintreiben können. Alles, was Kinder zu diesem Thema gehört haben, müssen sie nicht unbedingt auch richtig verstanden haben. Bleiben Sie im Gespräch mit dem Kind. Kinder hören oft aus allen möglichen Quellen Details. Um deren Zusammenhänge zu verstehen, brauchen sie die Hilfe der Eltern.

Im Alter von neun bis elf Jahren sollten Kinder auf die zu erwartenden Veränderungen in der Pubertät vorbereitet werden. Das bezieht sich nicht nur auf die körperlichen Veränderungen, sondern auch auf Verabredungen, Sex, Krankheiten, Liebe und Pickel. Je besser Kinder informiert sind, umso geschützter sind sie gegen Geschlechtskrankheiten und ungewollte Schwangerschaften, und umso größer ist die Chance, dass sie ein erfülltes, befriedigendes und liebevolles Leben erwarten dürfen.

4. Kapitel

Mit allen Sinnen
die Umwelt entdecken

Nur was wir mit unseren Sinnen entdecken, gelangt auch in unser Gehirn. Das heißt, was wir im wahrsten Sinne des Wortes »be-greifen« kann auch begriffen werden. Wer fühlen, riechen, schmecken, hören und sehen kann, wird auch bei sich selbst ankommen können und darüber hinaus die Welt verstehen lernen.

Die Welt des Kindes wird heute leider von Spielzeug und Medien überflutet. Deshalb ist es so wichtig, die Erfahrungen aus zweiter Hand durch bewusste Wahrnehmung auszugleichen.

Blechbuckels Weltreise

Blechbuckel rast auf seinem Motorrad durch die Straßen. Er kommt durch eine lange Kastanienallee. »Schschsch!«, flüstern die Kastanien. »Nicht so schnell, Blechbuckel, es ist Frühling, wir haben Kerzen aufgesteckt. Wirf wenigstens mal einen Blick zur Seite – schschsch!«

»Geht nicht«, murmelt Blechbuckel, »hab keine Zeit, will die Welt kennen lernen!«

Weiter geht es, an einem Jahrmarkt vorbei, auf dem es dampft und dudelt und juchzt.

»Blechbuckel!«, ruft der Kasper vom Marionettentheater herüber. »Halt doch mal an, du! Mach doch mal 'n Bummel über den Platz. Kannst zugucken, wie ich den Riesen an der

Nase herumführ, kostenlos, du, Blechbuckel! Oder kannst dir
'n Schmalzkuchen kaufen und hinterher Raketenbahn fah-
ren, dann wird dir so schön komisch!«
»Keine Zeit, wirklich nicht«, murmelt Blechbuckel, »ich will
die Welt kennen lernen.«
Blechbuckel rast am Meer entlang, wo sich die Robben auf
den Sandbänken sonnen.
»He, Blechbuckel!«, bellen sie, »halt an und leg dich ein biss-
chen zu uns – wir erzählen dir die berühmtesten Speck- und
Trangeschichten der Weltmeere und machen dir eine Flos-
sen-Klatsch-Massage, das belebt!«
»Tut mir Leid«, murmelt Blechbuckel, »muss weiter, will die
Welt kennen lernen.«
Blechbuckels Motorrad rast an einem Feuer speienden Vul-
kan vorbei.
»Blechbuckel!«, donnert der Vulkan, »wart mal, ich will dir
mein Feuer- und Aschespiel vorführen, so kunstvoll wie ich
hustet kein anderer Vulkan in dieser Gegend, du wirst stau-
nen!«
»Geht nicht«, murmelt Blechbuckel, »geht wirklich nicht,
will die Welt kennen lernen.«
Und so rast er weiter, durch Wüsten und Schneegebirge und
an Städten und Dörfern und Menschen vorbei, und nur an
einer Tankstelle macht er manchmal halt.
Und genau zu Pfingsten kommt er wieder bei seiner Mutter
an. »Na, Blechbuckel«, sagt die, »warst ja ziemlich lange
weg.«
»Hab mir die Welt angesehn«, sagt Blechbuckel.
»Und wie sieht es aus in der Welt?«, sagt Blechbuckels Mut-
ter.
»In der Welt?«, sagt Blechbuckel. »Tja, wie sieht es da aus –
also, da ist erst mal 'ne lange Asphaltstraße mit Verkehrs-
schildern, und ab und zu kommt 'ne Tankstelle, tja; und in
der Mitte von dieser Straße, nich, da ist meistens 'n weißer

Strich, mal so in Abständen und mal ganz durchgezogen,
und manchmal fehlt der auch, der weiße Strich.«

(Margarete Jehn aus: Der Sandmann packt aus, Rowohlt Verlag, rot-
fuchs Nr. 271)

Nur wer Fahrrad fahren probiert, lernt Rad fahren, wer sich nie
mehr bewegt, bleibt sein Leben lang unbeweglich und kein
Mensch kann erwarten, ein Meisterkoch zu werden, wenn er
nicht öfter mal in der Küche experimentiert hat. So geht es uns
auch mit den Sinnen. Nur wenn sie erprobt, genutzt und trainiert werden, können sie reifen und sich entwickeln. Und auch,
wenn es abgenutzt klingt, gilt doch immer noch: Übung macht
den Meister!

In der Regel brauchen Kinder kein Lernprogramm für den
Umgang mit ihren Sinnen. Aber sie brauchen viel, viel Spiel-
raum, Platz und Angebote für eine Sinn-volle Entwicklung.

Eine perfektionistisch aufgeräumte Wohnung bietet nicht viel
zu entdecken. Krimskrams und Kisten oder Koffer voller »alter
Sachen« sind für Kinder eine wahre Fundgrube, um ihre Sinne
zu entdecken und Spielanreize zu geben.

Da die Erfahrungen der Kinder heute fast überwiegend »aus
zweiter Hand« stammen, also vorgegebene Bilder beinhalten, ist
es besonders wichtig, auf bewusste Wahrnehmungserlebnisse zu
achten. Der Sehsinn wird in der Regel eher über- statt unterför-
dert. Aber schon der Gehörsinn, der Tast-, Geruchs- und Geschmackssinn drohen in Ermangelung von Anreizen zu verkümmern.

Sinnliche Wahrnehmung geschieht in der Regel nicht nur
über ein Sinnesorgan, sondern stellt eine Zusammenarbeit mehrerer Sinne dar. Visuelle, auditive und taktile Reize werden zu
einem komplexen Wahrnehmungsvorgang, ohne dass dem
Wahrnehmenden die einzelnen Quellen seiner Informationen
bewusst werden.

Viele alltägliche Situationen laufen automatisch ab, ohne dass uns die Sinneseindrücke ins Bewusstsein dringen. Eine Vielzahl an Reizen strömt auf unser Gehirn ein. Die Impulse werden sortiert, analysiert und mit vorhandenen Informationen zusammengefügt und verglichen. Daraufhin kommt es zu angemessenen Körperreaktionen, zu Gefühlen oder Gedanken. Nur so ist es überhaupt möglich, dass der Mensch sich sinnvoll und angemessen mit seiner Umgebung auseinander setzen kann.

Wie eine Maschine davon abhängig ist, dass selbst ihr kleinstes Teilchen funktionsfähig ist, so ist auch der komplexe Wahrnehmungsprozess davon abhängig, wie die einzelnen Wahrnehmungssysteme funktionieren und sich dann zu einer Einheit verbinden. Durch körperliche Aktivitäten kann das Zusammenspiel der Sinne gefördert werden. Wenn ein Kind etwas Neues lernt, kann sich das Gehirn durch Anpassungsreaktionen weiterentwickeln und differenzieren. Die Verarbeitung der Reize wird damit gefördert. Ein Sinnestraining, das ausschließlich dem Training der Gehirnfunktionen dient, ist nicht anzuraten. Beim Spielen wird die Sinneswahrnehmung genügend angeregt. Das intensive, den ganzen Körper einbeziehende Spiel verschafft dem Kind die Sinneswahrnehmungen, die es braucht, um sein Gehirn zu entwickeln.

5. Kapitel

Wahrnehmungsstörungen

Wir besitzen die Fähigkeit, vielfältige Wahrnehmungen gleichzeitig zu verarbeiten und daraus eine komplexe Information zu ziehen. Wenn wir etwas sehen oder hören, nehmen wir nicht die einzelnen Töne, sondern die Melodie als Ganzes wahr. Wenn wir ein Auto betrachten, zerlegen wir es nicht in Reifen, Scheinwerfer und Türen, sondern wir nehmen es als Ganzes in uns auf. Die beiden Gehirnhälften sind durch einen Balken miteinander verbunden. Über diesen Balken findet ein ständiger Austausch zwischen den beiden Gehirnhälften statt. Durch Sinnesreize werden nun verschiedene Bereiche im Gehirn angesprochen. Sensorische und motorische Reize aus der rechten und linken Hirnhälfte kreuzen im Hirnstamm ihre Bahnen. Sie werden erfasst, verarbeitet und als neue Information über den Balken an die andere Hirnhälfte weitergegeben. Durch dieses Zusammenspiel können die Informationen zwischen den Hirnhälften verknüpft und kombiniert werden. Danach erst folgt der Prozess des Denkens, Erkennens und einer Entscheidung.

Die einzelnen Hirnhälften sind für unterschiedliche Funktionen zuständig. Die rechte Hälfte betrachtet die Dinge ganzheitlich, d.h., sie versucht verschiedene Aspekte miteinander zu verbinden und einen Gesamtzusammenhang herzustellen. Sie ist schöpferisch und künstlerisch ausgerichtet, ist zuständig für Musik, Sprache und Intonation. Die linke Hirnhälfte ist zuständig für die Erfassung von Einzelaspekten, wie dem Heraushören eines einzigen Musikinstrumentes aus dem gesamten Orchester. Die linke Hälfte ist ebenfalls zuständig für die räumlich-geometrische Erfassung, für die Planung von nacheinander folgenden

Handlungen. Außer dem Geruchs- und Geschmackssinn werden alle Sinne durch die Kreuzung der Nervenbahnen von der gegenüberliegenden Hirnhälfte gesteuert.

Zunächst entwickeln sich beide Hirnhälften symmetrisch. Sie sind gleichermaßen fähig, sich an der Verarbeitung der Sinneseindrücke und der Motorik zu beteiligen. Erst im Alter von ungefähr acht oder neun Jahren ist eine der Hirnhälften besonders ausgeprägt entwickelt.

Funktionen der beiden Gehirnhälften (bei Rechtshändigkeit)

	Linke Gehirnhälfte	Rechte Gehirnhälfte
Hörsinn	Sprache	Musik, Rhythmus, nichtsprachbezogene Außengeräusche, Klänge
Sehsinn	Buchstaben, Wörter, Details	Komplexe Wahrnehmung
Bewegung	Komplexe Bewegungsfolgen, bewusste Bewegung	Erlernte Bewegung (Gedächtnis)
Raumgefühl		Orientierungssinn, Raumwahrnehmung
Tastsinn		Wiedererkennen von komplexen Mustern durch Tasten
Gedächtnis	Verbales Gedächtnis (Lesestoff, Gespräche)	Nonverbales Gedächtnis (Bilder, Musik, Gefühle, Gerüche)
Denken	Analytisch, abstrakt, rational, logisch, mathematisch	Konkret, synthetisch, ganzheitlich, zusammenführend, gefühlvoll

Wie bedeutend die Zusammenarbeit zwischen den beiden Gehirnhälften ist, wird beim Lesen deutlich. Während die linke Hälfte den Text analysiert und auf Grammatik achtet, versucht die rechte den Text im Gesamtzusammenhang zu verstehen und Gefühle herauszufinden. Um die Sinneswahrnehmung zu fördern bzw. bei vorliegenden Störungen unterstützend einzugreifen, ist es wichtig, das Zusammenspiel der beiden Hälften zu trainieren. Das geschieht durch viele der im 6. Kapitel angeführten Spiele und ganz besonders auch durch rhythmische Spiele und Musik.

Ist ein Sinnesorgan geschädigt, übernehmen in der Regel die anderen Sinnesorgane eine ausgleichende Funktion. So ist bekannt, dass Blinde ein ausgezeichnetes Gehör haben. Auch der Tastsinn ist bei Blinden besser ausgebildet als bei Sehenden. Taube Menschen erwerben im Laufe ihres Lebens einen hoch ausgebildeten Sehsinn. Sie können von den Lippen ablesen und Klänge über die Vibration des Kehlkopfes ertasten. Besteht der Verdacht, dass ein Kind unter Wahrnehmungsstörungen leidet, muss ein Arzt aufgesucht werden, um den Sachverhalt aufzuklären.

Um wahrnehmungsfähig zu sein, braucht der Mensch intakte Sinnesorgane. Da zur Wahrnehmungsfähigkeit aber auch der Prozess der Reizverarbeitung mit dazugehört, kann es trotz funktionsfähiger Sinnesorgane trotzdem zu Wahrnehmungsstörungen kommen. In solchen Fällen können Kinder zwar sehen, hören und tasten, aber die aufgenommenen Reize können im Gehirn nicht richtig verarbeitet werden. Die Informationen bleiben daher ungenau und diffus.

Ursache von Wahrnehmungsstörungen ist also eine Störung der Fähigkeit, Reize richtig auszuwählen, wichtige Reize von unwichtigen zu unterscheiden, die Reize mit vorhandenen Erfahrungswerten zu vergleichen und in das zentrale Nervensystem zu integrieren. Diese Ursachen können organisch, aber auch umweltbedingt sein. Die organisch bedingten Hirnschädigungen können vor, während oder nach der Geburt eingetreten sein. Alkohol-, Drogen- und Medikamentenmissbrauch während der Schwangerschaft führen in vielen Fällen zu Hirnschädigungen des Embryos. Aber auch die Einwirkung von Giften oder Strahlungen kann dazu führen. Komplikationen während der Geburt, meist Sauerstoffmangel, sind ebenfalls Ursachen für Hirnschädigungen. Nach der Geburt können sie durch entzündliche Erkrankungen, wie z.B. Hirnhautentzündung zu Funktionsdefekten im Gehirn führen. Nicht jeder dieser Punkte führt zwangsläufig zu Hirnschädigungen, aber das Risiko dazu steigt deutlich an.

Die umweltbedingten Wahrnehmungsstörungen entwickeln sich aus den besonderen Lebenssituationen der Kinder. Ursachen dafür können unausgewogene Reizeinflüsse sein, Mangel an körperlichen Erfahrungen, einseitige Reizüberflutung, zu wenig Körperkontakt, Bewegungsmangel, Mangel an allgemeinen Entwicklungsanreizen und Überbehütung.

Oftmals sind die Zusammenhänge zwischen Lebenssituation und Wahrnehmungsstörung nicht einfach zu diagnostizieren, weil mehrere Fakten zusammenhängen und sich einander bedingen. Jedes Kind reagiert unterschiedlich auf seine Situation und das macht eine Diagnose ebenfalls schwierig. Wenn Sie über ein grundlegendes Wissen der »normalen« Entwicklung der Wahrnehmungsfähigkeit und über die häufigsten Ursachen von Wahrnehmungsstörungen verfügen, sind Sie gut ausgerüstet, um augenfällige Defizite zu erkennen, auszugleichen oder sich fachliche Unterstützung und Hilfe zu holen.

Störungen eines einzigen Sinnessystems sind äußerst selten. Probleme entstehen meist aus der Kombination unterschiedlicher Systeme.

Wahrnehmungsstörungen des Tastsinns

Diese Störungen können sich in einer Unterfunktion oder Überempfindlichkeit von Berührungen äußern. Kinder mit einer Unterfunktion des Tastsinns sind meist schmerzunempfindlich. Sie zeigen kaum Reaktionen, wenn sie sich verbrennen, hinfallen und sich die Haut aufschürfen. Damit die Impulse im Gehirn überhaupt ankommen, müssen sie ganz besonders ausgeprägt sein. Viele Kinder fügen sich leichtere Verletzungen selbst zu, um etwas zu spüren. Da sie ihre Körpergrenzen nicht bewusst erfahren können, verhalten sie sich oft auch im Sozialleben distanzlos.

Kinder mit einem überempfindlichen Tastsinn wehren Reize deutlich ab. Die Reize werden als unangenehm empfunden und die Kinder reagieren mit Abwehr oder Flucht. Viele Kinder können bestimmte Stoffe nicht auf der Haut ertragen, weil sie ihnen wehtun, einige vermeiden den Umgang mit Matsch oder Kleister und empfinden es äußerst unangenehm, wenn sie gezwungen werden, barfuß zu laufen. Die größte Schwierigkeit haben Eltern solcher Kinder mit der Berührungsabwehr. Denn taktil überempfindliche Kinder vermeiden Körperkontakt und Zärtlichkeiten. Wenn die Mutter sie in die Arme nehmen will, strampeln sie und versuchen, sich so schnell wie möglich wieder zu befreien.

Wahrnehmungsstörungen im Bewegungssystem

Bei dieser Störung haben die Kinder kein differenziertes Körperbewusstsein von sich. Einzelne Körperpartien sind nicht in ihre Vorstellung über sich selbst integriert. Sie sind nicht in der Lage, ihre Kraft bei verschiedenen Handlungen richtig zu dosieren oder Begrenzungslinien einzuhalten. Sie malen über den Papierrand hinaus und halten den Stift so fest, dass ihre Knöchel hell hervortreten und die Hände sehr schnell ermüden. Bewegungsabläufe können meist nicht rechtzeitig gestoppt werden und es gibt feinmotorische Probleme.

Wahrnehmungsstörungen des Hörsinns

Die Störungen können aufgrund von krankhaften Veränderungen des Hörorgans auftreten oder aber eine Unfähigkeit darstellen, die gehörten Informationen richtig zu verarbeiten und angemessen darauf zu reagieren. Bei schweren Störungen, nehmen Kinder zwar die Laute war, verstehen aber ihre Bedeutung nicht. Sie sind nicht fähig, aus einzelnen Lauten Worte zu bilden. Die Ursache kann eine krankhafte Veränderung im Mittelohr bzw. Innenohr oder eine Störung der zuständigen Hirnzentren sein.

Wahrnehmungsstörungen des Gleichgewichtssinns

Bei dieser Störung haben Kinder große Probleme mit ihrem Gleichgewichtssinn. Sie empfinden Schwindel und Übelkeit, wenn sie sich drehen sollen, und wehren sich gegen Hoppe-Reiter-Spiele oder dagegen, in die Luft geworfen zu werden. Sie vermeiden Klettern, Balancieren und Schaukeln. Dadurch fehlt es ihnen an Übung ihrer Bewegungsfähigkeit, sodass die Störung zu einer manifesten, chronischen motorischen Unsicherheit und Ungeschicklichkeit führen kann.

Neben dieser Überempfindlichkeit gibt es aber auch eine Unterfunktion. Kinder mit dieser Störung haben ein fast unstillbares Bedürfnis nach Bewegung. Sie schaukeln, wippen und drehen sich ständig, klettern überall hoch, springen herunter und können dabei ihre Bewegungsfähigkeit gar nicht richtig einschätzen. Die Reizverarbeitung erfolgt nur mangelhaft, die Rückmeldungen an das Gehirn sind oft fehlerhaft und die Bewegungskoordination ist gestört, sodass die Kinder oft tollpatschig wirken. Auch das Raumgefühl kann mitunter gestört sein.

Wahrnehmungsstörungen des Sehsinns

Im zwischenmenschlichen Zusammenleben bedeutet die Wahrnehmung und Verarbeitung von visuellen Impulsen der Gesichter sehr viel für eine gesunde visuelle und sprachliche Entwicklung. Das Stimulans des Gesichtes eines Gegenübers gibt Aufschluss über seine Identität, über seine Gefühle und seine Haltung dem Betrachter gegenüber. Bereits im Alter von zwei Monaten verfügen Säuglinge über viele verschiedene Gesichtsausdrücke, die denen der Erwachsenen gleichen und bestimmte Gefühle eindeutig charakterisieren. Diese Bedeutung der emotionalen Informationen über visuelle Anreize von menschlichen Gesichtern ist auch durch Studien mit Vorschulkindern belegt. Verläuft die kindliche Entwicklung der Sinne und die psychomentale normal, kann es um das 10. Lebensjahr herum die emotionalen Informationen aus den Gesichtern wie ein Erwachsener lesen. Bei sprachgestörten Kindern treten auffällig häufiger auch gleichzeitig visuelle Wahrnehmungsstörungen auf, sodass ein Zusammenhang gesehen werden kann.

Aber natürlich ist nicht nur das Stimulans Gesicht wichtig, sondern visuelle Anreize sind es generell. Störungen können im Laufe der Entwicklung immer auftreten, auch solche, die körperlich bedingt sind oder sich aus den Lebensumständen des Kindes entwickeln. Die Augenmotorik und ihre Steuerung durch bestimmte Gehirnzentren sind ebenso störungsanfällig wie die Grobmotorik des Körpers.

Auswirkungen von Wahrnehmungsstörungen auf die Entwicklung des Kindes

Wahrnehmungsstörungen werden auch heute noch bei Kindern viel zu spät erkannt, was bei etwas mehr Aufmerksamkeit nicht notwendig sein müsste. So aber gehen viele Eltern erst dann zum Arzt oder holen sich anderweitig Rat, wenn sich die Probleme in der Schule bemerkbar machen. Die meisten Störungen ließen sich aber beheben, wenn sie einige Jahre früher erkannt worden wären. Gerade die Kindergartenzeit wäre ideal, Störungen des Entwicklungsstandes bei Kindern festzustellen, werden sie doch meistens von mehreren Erwachsenen erlebt und beobachtet. Wahrnehmungsstörungen zum Beispiel können recht einfach diagnostiziert werden. Und ein frühes Eingreifen verhindert, dass sie sich zu dauerhafteren Lernstörungen ausweiten.

Kinder mit Wahrnehmungsstörungen leiden unter Konzentrationsschwäche, haben ein schlechtes Gedächtnis, lassen sich leicht ablenken und fliehen aus einer reizüberfluteten Umgebung. Selbst die Störung einzelner Wahrnehmungssysteme führt dazu, dass das Kind den Anforderungen des Alltags nicht mehr gerecht werden kann. Das Kind verhält sich tollpatschig, ungeschickt, ist unkonzentriert und vergisst kleinere Aufträge sofort wieder. Die Kinder lassen Dinge fallen und stoßen an allen Ecken und Kanten an. Die Umwelt reagiert darauf mit Unverständnis, Zurückweisung und Ablehnung. Daraus resultiert, dass das Kind ganz schlechte Chancen hat, ein gesundes Selbstwertgefühl zu entwickeln. Die Störungen können sich nun, wenn nichts getan wird, schnell zu handfesten Verhaltensstörungen ausweiten. Verhaltensauffälligkeiten, die aufgrund von Wahrnehmungsstörungen entstehen, nennt man »sekundäre« Störungen. Die Reaktionen von Kindern mit Wahrnehmungsstörungen, die schon in ihrem sozialen Umfeld angeeckt sind, zeigen sich sehr unterschiedlich. Manche Kinder treten den Rückzug an und vermeiden den Kontakt zu Gleichaltrigen. Sie spielen auffallend häufig mit sehr viel jüngeren Kindern oder suchen ausschließlich den Kontakt zu Erwachsenen. Die anderen Kinder sind ihnen zu »doof«. Diese Kinder sind meist überempfindlich und sehr leicht zu verletzen, da ihnen der Schutzmantel des Selbstwertgefühls fehlt.

Andere Kinder versuchen ihre Unsicherheit hinter aggressiven Angriffen zu verbergen. Meistens vermeiden sie Situationen, in denen sie unterliegen könnten. Ihre Belastungsschwelle ist sehr niedrig und sie werden sehr schnell wütend. Diese sozialen Begleiterscheinungen von Wahrnehmungsstörungen sind dann für die betroffenen Kinder weitaus belastender als die eigentliche Ursache selbst.

Einfache Testverfahren zum Seh- und Hörvermögen

Wenn Sie den Verdacht haben, dass etwas in der Entwicklung Ihres Kindes nicht stimmt, dann zögern Sie nicht, Ihr Kind gezielt spielerisch zu testen und genauestens zu beobachten. Jeder Kinderarzt ist auf die detaillierten Angaben der Eltern angewiesen, um eine genaue Diagnose stellen zu können. Je früher das geschieht, umso größer ist die Chance, dass Ihr Kind doch noch das Beste aus seinen Fähigkeiten machen kann. Besonders das Seh- und Hörvermögen sollte in einem sehr frühen Stadium getestet werden. Diese Testverfahren sind keine Prüfungen, sondern sollten ganz zwanglos wie ein Spiel durchgeführt werden. Diese Wahrnehmungstestspiele befähigen Eltern, die wesentlichen Dinge der kindlichen Entwicklung im Auge zu behalten, Warnsignale rechtzeitig zu bemerken und einen Fachmann zu Rate zu ziehen.

Das neugeborene Kind kann weit entfernte Gegenstände nicht erkennen, aber es sieht in einem Abstand von 20–25 cm sehr gut. Das ist der natürliche Abstand beim Stillen zwischen dem Gesicht des Babys und dem der Mutter. Kann das Kind sehen, wird es sehr aufmerksam Blickkontakt zur Mutter halten.

Kinder mit 1 Jahr:
Bewegen Sie verschiedene Gegenstände schnell durch das Gesichtsfeld des Kindes. Es sollte den Objekten mit den Augen folgen können, ohne den Kopf zu drehen.

Kinder ab 2 Jahren:
Stellen Sie von den Buchstaben O, H, X, A, V, T und U zwei Kartensätze her. Geben Sie einen Satz dem Kind, Sie behalten den anderen. Halten Sie einen Buchstaben hoch und bitten Sie das Kind, denselben Buchstaben aus seinem Satz zu zeigen. Das Testspiel kann variiert werden, indem sich das Kind abwechselnd ein Auge zuhält oder indem man es bei 3 m Abstand wiederholt. Dasselbe kann auch mit zwei gleichen Sätzen Spielzeug gespielt werden.

Test des Hörvermögens

Richtig hören zu können ist die Grundvoraussetzung, um sprechen zu lernen. Sie können sicher sein, dass Ihr Kind differenziert hört, wenn es aufmerksam zuhört, später imitiert und schließlich die Lauteinheiten der Sprache korrekt benutzt.

Kinder zwischen 24 Wochen und 18 Monaten:
Das Baby sollte auf dem Schoß von Vater oder Mutter sitzen, die Testperson steht außerhalb seines direkten Blickfelds, auf gleicher Höhe mit dem Ohr. Bei einem 24 Wochen alten Baby steht

die Testperson in 45 cm Entfernung, bei einem Kind ab 36 Wochen in einer Entfernung von 1,80 m. Die Testperson produziert nun verschiedene Geräusche mit einer kleinen Glocke, einer Rassel, Zeitungspapiergeraschel u.Ä. Mit der Stimme werden hohe und tiefe Zischlaute gemacht, und zwar jeweils an beiden Ohren. Reagiert das Kind nicht sofort, werden die Geräusche nach drei Sekunden wiederholt. Kinder mit normal entwickeltem Hörvermögen drehen sich beim ersten Mal sofort um und lächeln oft dabei. Jüngere Babys können langsamer reagieren.

Kinder zwischen 18 Monaten und 2 Jahren:
Legen Sie einen Ball, ein kleines Auto, eine Tasse, einen Löffel und einen Bauklotz auf ein niedriges Tischchen. Die Gegenstände sollten verschiedene Farben haben. Setzen Sie das Kind an den Tisch und sich selbst in einen Abstand von 60 bis 90 cm, also in einem normalen Gesprächsabstand. Besser ist, wenn zwei vertraute Erwachsene dabei sind. Benennen Sie jedes einzelne Spielzeug, strecken Sie eine Hand flach aus und bitten Sie das Kind, Ihnen einen bestimmten Gegenstand zu geben. Entfernen Sie sich auf 1,80 m und bitten Sie das Kind, die einzeln benannten Gegenstände dem zweiten Erwachsenen zu geben. Reagiert das Kind nicht sofort, warten Sie einen Moment. Vielleicht nimmt es zunächst den falschen Gegenstand, legt ihn dann wieder hin, um den richtigen zu nehmen. Wenn es den falschen Gegenstand reicht, legen Sie ihn wieder hin. Wiederholen Sie Ihre Bitte.

Kinder bis zu 3 Jahren:
Bereiten Sie die gleiche Anordnung vor wie oben beschrieben. Halten Sie ein Stück Pappe bereit, um Ihren Mund dahinter zu verbergen. Bitten Sie Ihr Kind, Ihnen die Gegenstände eins nach dem anderen zu geben. Wiederholen Sie das Spiel aus 1,80 m Entfernung und verbergen Sie den Mund hinter der Pappe, damit das Kind nicht von Ihren Lippen ablesen kann. Wiederholen Sie das Spiel noch einmal aus 3 m Entfernung.

Kinder mit Wahrnehmungsstörungen fördern

Wie bereits erwähnt, ist eine Förderung, je früher sie einsetzt, umso wirkungsvoller. Das Gehirn ist in den ersten Kindheitsjahren besser beeinflussbar als in späteren Jahren. Sie kennen alle den Spruch »Was Hänschen nicht lernt, lernt Hans nimmermehr«. Er klingt banal wie alle so genannten Binsenwahrheiten, aber trotzdem enthält er ein Körnchen Wahrheit, die schon unseren Urgroßeltern bekannt war.

Die im folgenden Kapitel vorgestellten Anregungen zur Förderung der Sinneswahrnehmung gelten genauso bei Kindern mit Wahrnehmungsstörungen, d.h., sie haben nicht nur fördernden, sondern auch therapeutischen Charakter. Sie machen zudem Spaß, denn es handelt sich um Spiele, die leicht in den Alltag integriert werden können.

Eine Förderung der Wahrnehmung bzw. eine Therapie bei Störungen ist nur sinnvoll, wenn Kinder motiviert sind und Freude daran haben. Mit Lust und Begeisterung können sie dabei ein positives Selbstbild entwickeln und Vertrauen in sich und ihre Fähigkeiten erwerben. Die Bereitschaft des Kindes zur Mitarbeit oder besser zum Mitspielen ist eine unabdingbare Voraussetzung dabei.

Erste Ziele der Wahrnehmungsförderung sollten daher sein:

☑ dem Kind die Freude an der Entdeckung und Erforschung der Umwelt zu erhalten,

☑ dem Kind Mut zur Bewältigung der Aufgaben zu geben,

☑ das Selbstvertrauen und das Selbstwertgefühl zu stärken.

6. Kapitel

Sinnliche Erfahrungen bei Kindern fördern

Praktische Vorschläge zur Förderung der Sinneswahrnehmung

Im folgenden Kapitel werden Spielanregungen gegeben, die einzelne Sinnesbereiche in den Vordergrund stellen. Dies entspricht natürlich nicht den meisten realen Situationen, in denen mehrere Sinne gleichzeitig gefordert werden. Denken Sie nur an eine Radtour an einem schönen Sommertag. Sie müssen Gleichgewicht halten, sich dabei bewegen, auf die Straße achten und während Sie radeln, riechen Sie Gras, Heu, das Harz der Bäume, Blumen und Abgase. Aber auch über ihre Augen werden viele Eindrücke aufgenommen. Dazu kommt der Lärm vom Verkehr, von anderen Menschen. Sehr viele Informationen müssen also gleichzeitig verarbeitet werden. Das gilt sowohl für Erwachsene als auch für Kinder. Aber gerade weil wir heute eher einer Reizüberflutung ausgesetzt sind, ist es wohltuend, sich einmal auf einzelne Sinnessysteme zu konzentrieren.

Dabei geht es nicht um die Sinnesorgane an sich, sondern um die Sensibilisierung der Wahrnehmung. Es geht darum, die »Augen zu öffnen« für unsere Umgebung, die Welt in neuen Zusammenhängen zu begreifen, und darum, die Wahrnehmungsfähigkeit zu schärfen und zu differenzieren.

Sinnliche Förderung bei Kindern sollte immer in Spielsituationen eingebettet sein, die der Vorstellungswelt der Kinder entspricht und in der sie aktiv und selbstständig handeln können.

Auf diese Weise können Kinder spielend Erfahrungen sammeln und sich die für ihre weitere Entwicklung notwendigen Fähigkeiten aneignen.

Spiele für den Gleichgewichtssinn

Von einem selbstsicheren Menschen sagt man, dass er sich nicht aus dem Gleichgewicht bringen lässt. Der Gleichgewichtssinn ist also die Grundlage dieser Selbstsicherheit. Er regelt für uns aufrechtes Gehen, Sitzen, Stehen und ist die Basis dafür, dass Kinder in der Schule still sitzen, mit den Augen die Dinge fixieren und Haltung bewahren. Nur wer sein inneres Gleichgewicht bewahren kann, kann auch in sich ruhen.

Balancieren

Nutzen Sie jede Möglichkeit dazu, z.B. eine niedrige Mauer oder Baumstämme. Nehmen Sie das Kind anfangs an die Hand, damit es besser das Gleichgewicht halten kann. Bald wird es selbstständig balancieren und sich mit ausgestreckten Armen im Gleichgewicht halten. Haben Sie wenig Gelegenheit zum Balancieren in der Natur, dann können Sie ein Brett über zwei Getränkekisten legen. Nun können die Kinder in jeder beliebigen Gangart darüber balancieren. Mal seitwärts, rückwärts, auf Zehenspitzen oder auf allen vieren. Sie können auch kleine Gegenstände auf dem Brett verteilen, die das Kind während des Balancierens aufheben muss.

Seiltanz

Legen Sie ein Seil auf den Boden und lassen Sie die Kinder barfuß darüber gehen. Um den Schwierigkeitsgrad und die Spielfreude zu erhöhen, können Sie das Seil auch in Schlangenlinien legen, dem Kind einen kleinen Regenschirm in die Hand geben und es nun einen kleinen Seiltanz aufführen lassen. Mal vor, mal zurück, mal auf einem Bein oder mit verbundenen Augen.

Klettern

Wenn Sie wenig Möglichkeiten in der Natur oder an einem Klettergerüst haben, dann lassen Sie das Kind unter Ihrer Aufsicht ruhig mal auf der Haushaltsleiter hinauf- und hinunterklettern. Die Leiter sollte aber vom Kind nicht unbeaufsichtigt benutzt werden können.

Kissenlauf

Stecken Sie gemeinsam mit den Kindern eine Strecke ab. Nun muss jeder mit einem Kissen auf dem Kopf diese Strecke ablaufen. Das Kissen zwingt den Läufer dazu, ganz vorsichtig und vor allem aufrecht zu gehen.

Hindernisspringen

Spannen Sie kurz über dem Boden ein dünnes Seil. Legen Sie Matten oder Wolldecken aus. Zeigen Sie dem Kind, wie man darüber steigt und springt. Durch Verstellen der Höhe kann der Schwierigkeitsgrad gesteigert werden.

Inselhüpfen

Jeder Mitspieler bekommt zwei Zeitungsseiten. Der Fußboden wird nun kurzfristig zum Meer und die Zeitungsseiten sind die Inseln. Ein Ziel wird abgesteckt und die Kinder dürfen sich nur auf den Zeitungsseiten vorwärts bewegen. Sie stehen auf einer Seite und legen die nächste weiter vor und so weiter. Jeder muss aufpassen, dass er nicht ins Wasser fällt.

Wetthüpfen

Alle Mitspieler hüpfen um die Wette zu einem bestimmten Ziel, das kann auch auf einem Bein sein oder in einem Sack wie beim bekannten Spiel »Sackhüpfen«.

Wippe

Zwei etwa gleich große Kinder sitzen sich gegenüber. Sie stellen ihre Fußsohlen gegeneinander, fassen sich an den Händen und lehnen sich so weit wie möglich zurück. Nun schaukeln sie vor und zurück. Sie können auch mit geschlossenen Augen wippen, das erhöht den Spaß daran und das Bewegungserlebnis wird intensiver.

Schlangenjagd

Zwei Kinder spielen gemeinsam. Ein Kind hält ein Seil in der Hand und schlängelt es über den Boden. Das andere Kind muss versuchen die Schlange zu fangen, indem es sie mit den Füßen festtritt. Rollentausch.

Schaukeltuch

Das Kind darf sich auf ein großes Betttuch legen. Zwei Erwachsene fassen die Enden und schaukeln das Kind hin und her. Noch schöner ist das Spiel, wenn dazu im Rhythmus ein Vers aufgesagt wird.

Purzelbaum

Eines der ältesten Spiele überhaupt. Nehmen Sie es doch wieder häufiger in Ihr Spielrepertoire mit Ihren Kindern auf.

Flugzeug

Fassen Sie das Kind an Hand- und Fußgelenk und wirbeln Sie es wie ein Flugzeug um sich herum. Das Kind sollte den freien Arm und das freie Bein weit nach außen strecken.

Tunnelkrabbeln

Die Kinder stellen sich hintereinander auf und grätschen die Beine. Das letzte Kind krabbelt nun durch den Tunnel und stellt sich vorne wieder auf und so weiter.

Abrollen

Legen Sie sich mit dem Kind der Länge nach an einen sanften Hang hin. Prüfen Sie vorher, ob keine Steine oder sonstige Hindernisse im Weg liegen. Nun langsam wie eine Walze hinabrollen. Dieses Spiel macht Kindern unglaublich viel Spaß und ist eine sehr gute Übung für den Gleichgewichtssinn.

Schubkarre

Dies ist ebenfalls ein sehr altes Spiel, das verdient, viel mehr beachtet zu werden. Der Erwachsene fasst das Kind an den Beinen, möglichst an den Oberschenkeln, und das Kind läuft auf den Händen vorwärts.

Dosenlauf

In zwei leere Konservendosen Löcher bohren und eine Schnur durchziehen, sodass es eine Schlaufe ergibt, durch die das Kind auf Hüfthöhe seine Hände durchstecken kann. Es ist ein ganz besonderes Erlebnis, auf diesen Dosen zu laufen. Manche Kinder sind wahre Weltmeister darin.

Windspiel

Die Kinder werden alle in Blumen verzaubert, die fest im Boden verwurzelt sind. Die Füße müssen also am Boden bleiben und dürfen sich nicht von der Stelle bewegen. Nun kommt ein leichter Wind auf. Die Kinder bewegen sich dazu hin und her. Der Wind wird stärker, bis es ein Sturm wird. Entsprechende Bewegungen ausführen.

Berg und Tal

Eine Stuhlreihe mit etwas Abstand zwischen den Stühlen aufbauen. Die Kinder müssen nun immer unter einem Stuhl durchkriechen und über den nächsten drüberklettern.

Luftballon

Ein aufgeblasener Luftballon wird von allen Mitspielern so angetippt, dass er ständig in der Luft bleibt und nicht zu Boden fällt. Kann auch mit einem Tuch gespielt werden. Die Kinder fassen das Tuch an den Enden und werfen den Luftballon hoch und fangen ihn mit dem Tuch wieder auf.

Lasttier

Die Kinder krabbeln auf allen vieren auf dem Boden und transportieren dabei eine Last auf ihrem Rücken, z.B. ein Kissen, eine Schachtel oder ein Spielzeug. Kann auch als Wettlauf-Rennen gespielt werden. Dazu ein Ziel abstecken und zwei Kinder zur gleichen Zeit starten lassen.

Hindernislauf

Eine Strecke abstecken und mit Hindernissen versehen, z.B. große Kartons zum Durchkriechen, Stühle zum Drübersteigen, Seile, unter denen man sich durchschlängeln muss, usw.

Reifenrollen

Das Kind legt sich in einen großen LKW-Reifen und wird nun vom Erwachsenen um seine eigene Achse gerollt.

Karussell

Mehrere Kinder stehen im Kreis und legen sich die Hände auf die Schultern. Ein Kind ist der Karussell-Direktor und darf Befehle geben. Er klatscht dabei in die Hände und je nach Tempo des Klatschens dreht sich das Karussell langsam oder schneller. Wenn das Klatschen aufhört, steht das Karussell still. Nicht zu lange spielen, sonst wird es den Kindern schwindelig.

Trampolin

Legen Sie alte Matratzen aus, auf denen die Kinder hin und her hüpfen können.

Spiele für den Hörsinn

Um wieder »hellhörig« für die leisen Töne zu werden, brauchen Kinder Spiele, bei denen sie sich auf ihren Hörsinn konzentrieren können. Das ist bei dem allgemein vorherrschenden Lärm oft gar nicht so einfach. Am wirkungsvollsten sind Hörspiele, bei denen die Kinder die Augen schließen müssen. Dann können sie sich besser auf die Geräusche und Töne konzentrieren. Hörspiele für Vorschulkinder sollten nicht länger als ungefähr zwei Minuten dauern.

Geräusche raten

Produzieren Sie verschiedene Geräusche, wie ein Kissen aufschütteln, eine Tür öffnen, die Gardine zurückziehen usw. Das Kind muss die Geräusche mit geschlossenen Augen erraten, dann Rollentausch und Sie müssen raten. Der Schwierigkeitsgrad kann erhöht werden, wenn das Kind drei aufeinander folgende Geräusche in der richtigen Reihenfolge erraten soll.

Stillespiel

Stellen Sie sich mit Ihrem Kind an das offene Fenster, gehen Sie auf den Balkon oder in den Garten. Nun verhalten Sie sich ganz mucksmäuschenstill und lauschen hinaus. Was ist alles zu hören? Benennen Sie (oder das Kind) die einzelnen Geräusche.

Glasmusik

Stellen Sie Gläser auf, die unterschiedlich groß, dick und hoch sind. Je mehr verschiedene Glasgefäße desto besser. Geben Sie Ihrem Kind einen Holzstab oder eine dicke Stricknadel. Nun kann es die Gläser zum Klingen bringen und auf die verschiedenen Töne achten. Vielleicht improvisiert Ihr Kind sogar eine eigene Melodie. Dieses Spiel kann man auch mit verschiedenen Töpfen spielen.

Geräusch-Memory

Füllen Sie mehrere leere Filmdosen (aus dem Fotogeschäft) paarweise mit demselben Inhalt wie Reis, Erbsen, Steine, Sand usw. Schreiben Sie auf den Dosenboden, was sich darin befindet. Hören Sie sich die Geräusche vorher gut mit Ihrem Kind an. Nun darf jeder Spieler zwei Dosen schütteln. Hat er die gleichen Geräusche gefunden, darf er noch mal spielen.

Stimmen raten

Einem Kind werden die Augen verbunden, die anderen sagen nun abwechselnd »Guten Tag!«. Das Kind muss raten, wer gerade gesprochen hat. Schwieriger wird es, wenn man dabei die Stimme verstellt.

Das Stecknadelspiel

Dazu muss es sehr leise sein. Die Kinder schließen die Augen und lauschen aufmerksam auf das Geräusch, das entsteht, wenn eine Stecknadel auf einen Teller fällt. Der Schwierigkeitsgrad wird erhöht, wenn man mehrere Stecknadeln hintereinander fallen lässt und die Kinder die Anzahl erraten müssen.

Telefon

Besorgen Sie sich ein paar Meter Leerrohr aus dem Baustoffgeschäft und befestigen Sie an den beiden Enden je einen Joghurtbecher, indem Sie ein Loch in den Becherboden schneiden. Ein »Hörer« bleibt im Raum, den zweiten können Sie durch das offene Fenster nach draußen verlegen. Nun können verschiedene Kinder oder Kinder und Erwachsene miteinander telefonieren.

Stille Post

Dies ist ein sehr bekanntes, altes Gesellschaftsspiel. Alle Mitspieler sitzen im Kreis, ein Kind flüstert seinem Nachbarn ein Wort ins Ohr, der flüstert es seinem Nachbarn weiter, bis das Wort beim letzten Kind angekommen ist. Dieses sagt es nun laut und es wird mit dem zuerst geflüsterten Wort verglichen. Meistens kommen ganz andere, komische Botschaften dabei heraus.

Schritte raten

Die Kinder sitzen mit geschlossenen Augen im Kreis. Ein Kind kommt in die Kreismitte und entfernt sich dann in eine bestimmte Richtung. Die Kinder müssen raten, in welche.

Hör-Lotto

Nehmen Sie mit einem Kassettenrekorder verschiedene Geräusche auf, ein startendes Auto, verschiedene Tierlaute, eine quietschende Tür, Schritte, einen abfahrenden Zug usw. Für jedes Geräusch braucht man nun eine Abbildung. Schneiden Sie aus alten Zeitschriften die entsprechenden Gegenstände, Tiere und Symbole aus und kleben Sie die Bilder auf Pappkarten. Die Karten werden auf den Tisch gelegt und die Kinder müssen die entsprechenden Geräusche zuordnen. Wer zuerst die richtige Karte gefunden hat, darf sie behalten.

Hörspiele

Hinter einem Vorhang (Bettlaken über eine Leine spannen) werden von einem Kind oder einem Erwachsenen verschiedene Geräusche erzeugt, wie zum Beispiel ein Glas mit Wasser füllen, mit einem Kugelschreiber malen, einen Reißverschluss zuziehen usw. Die Kinder müssen die Geräusche erraten. Wer zuerst richtig geraten hat, darf nun mit den Geräuschen weitermachen.

Flaschenklavier

Wenn Flaschen in unterschiedlicher Höhe mit Wasser gefüllt werden, ergeben sich ganz verschiedene Töne. Wer ein gutes Ohr hat (oder eine Stimmgabel), kann die komplette Tonleiter zusammenstellen. Auf dem Flaschenklavier lassen sich einfache Lieder spielen.

Wecker suchen

Verstecken Sie einen möglichst laut tickenden Wecker irgendwo im Zimmer. Die Kinder müssen ihn suchen.

Musik erleben

Fast alle Kinder mögen Musik. Sie geht ins Ohr, entspannt, beruhigt und ist gut für das Gemüt. Hören Sie mit den Kindern Musik, tanzen Sie dazu, führen Sie Tanz- und Singspiele durch oder gehen Sie einmal mit den Kindern in ein Konzert.

Arche Noah

Tiernamen oder die Abbildungen von Tieren werden auf Kärtchen geklebt. Von jedem Kärtchen müssen zwei vorhanden sein. Jedes Kind zieht eine Karte und ahmt mit seiner Stimme das entsprechende Tier nach. Es versucht seinen Partner zu finden. Als Tierpaar darf es dann die Arche Noah (Matten oder Matratzen) betreten.

Geschichten erzählen

Es wird eine Geschichte erzählt. Bei einem vorher vereinbarten Wort muss blitzschnell eine bestimmte Handlung ausgeführt werden, z.B. bei »Feuer« aufspringen und zur Tür laufen.

Gespenster

Ein Kind steht mit einem Bettlaken über dem Kopf im Raum und ist das Gespenst. Es muss nun hören, wohin ein anderes

Kind einen Schlüsselbund gelegt hat. Auf den Boden, auf das Sofa oder auf den Tisch?

Stoppspiel

Stellen Sie zwei Geräuschdosen mit unterschiedlichen Geräuschen her. Sie können Trockenerbsen in die eine Dose füllen und kleine Steine in die zweite. Wird die Erbsendose geschüttelt, gehen alle Kinder vorwärts durch den Raum. Wird die Steinedose geschüttelt, laufen alle rückwärts.

Spiele für den Tastsinn

»Nicht anfassen!« sollten Kinder möglichst selten hören. Grenzen werden natürlich dort gesetzt, wo es gefährlich für Kinder werden könnte. Aber Tasten und Erfühlen sind ungeheuer wichtig für die kindliche Entwicklung. Tasten und Erfühlen kann man nicht nur mit den Händen, sondern auch mit den Füßen und dem ganzen Körper. Der Tastsinn ist der erste, wichtige »Draht« zur Umwelt.

Tastsack

Dies ist ein sehr bekanntes Spiel. Verschiedene kleine Gegenstände wie ein Spielzeugauto, ein Kieselstein, eine Walnuss, ein Tannenzapfen u.Ä. werden in einen kleinen Stoffsack gelegt. Die Kinder dürfen nun mit beiden Händen in den Sack greifen und müssen die Gegenstände ertasten und benennen. Der Schwierigkeitsgrad kann gesteigert werden, wenn nur mit einer Hand getastet werden darf. Das Spiel kann, je nach Auswahl der Gegenstände, einfach oder schwer sein. Einfach ist es, wenn

Gegenstände im Sack liegen, die leicht an der Form zu erkennen sind, wie z.B. ein Löffel, ein Ball, ein Baustein u. Ä. Schwieriger wird es, wenn es ähnliche Gegenstände sind, wie z.b. ein Rennauto, ein Cabrio und ein Krankenwagen.

Taststraße

Legen Sie ein paar Meter Tapetenrolle aus. Nun brauchen Sie viele unterschiedliche Materialien, die Sie darauf verteilen, z.B. Teppichreste, Schaumgummi, Sandpapier, Fell, kleine Steinchen, trockene Blätter, Eierkartons usw. Ein Kind mit verbundenen Augen wird von einem anderen über die Taststraße geführt. Anschließend soll es beschreiben, was es gefühlt hat. Wie hat es sich angefühlt? War es angenehm oder unangenehm? Vielleicht kann es die Materialien auch beschreiben.

Mit den Füßen raten

Legen Sie verschiedene Gegenstände unter eine Decke. Die Kinder müssen nun mit bloßen Füßen ertasten, um welche Gegenstände es sich handelt.

Sockenspiel

Füllen Sie jeweils zwei Socken mit dem gleichen Material wie Kronkorken, Watte, Kies oder Reis. Die Socken werden mit Wäscheklammern auf eine gespannte Leine gehängt. Die Kinder müssen nun mit verbundenen Augen die Socken betasten, die zwei gleichen herausfinden und von der Leine nehmen. Erst dann darf die Augenbinde abgenommen werden.

Baumspiel

Beim nächsten Waldspaziergang verbinden Sie Ihrem Kind einmal die Augen. Dann führen Sie es zu einem Baum, den es gründlich ertasten soll. Wie fühlt sich die Rinde an? Wie dick ist der Stamm? Kann es ihn mit beiden Armen umfassen? Wie fühlen sich Äste und Blätter an? Nun führen Sie das Kind zum Ausgangspunkt zurück und nehmen Sie die Augenbinde ab. Kann das Kind den Baum wieder erkennen?

Personenraten

Einem Kind werden die Augen verbunden. Durch Tasten soll es ein anderes Kind erkennen. Ist es klein oder groß? Hat es lange oder kurze Haare? Welche Kleidung trägt es? Wer ist es?

Matschspiele

Ein lustvolles Spiel ist auch das Matschen mit Pappmaschee, Ton- oder Knetmasse. Auch Planschen in großen Gefäßen oder kleinen aufblasbaren Becken ist ein Erlebnis für die Sinne.

Massage

Eine Massage beruhigt nicht nur, sondern trägt auch zum allgemeinen Wohlbefinden und der Sensibilisierung der Haut bei. Streicheln Sie dem Kind kreisförmig mal mit wenig, mal mit mehr Druck über den Rücken. Malen Sie Figuren und Buchstaben auf den Rücken und lassen Sie es raten, um was es sich dabei handelt. Haben Sie schon ausprobiert, ob Ihrem Kind auch Berührungen mit einer Vogelfeder oder einer sehr weichen Bürste gefallen?

Spiele für den Sehsinn

Wer seine Welt entdecken will, der muss lernen, die Augen aufzumachen und differenziert zu sehen. Alte und neue Seh-Spiele gibt es in vielen Variationen. Sammeln Sie neue Ideen. Viele Seh-Spiele sind gleichzeitig auch Merk-Spiele. Dabei werden nicht nur die Augen trainiert, sondern auch die Konzentration und das Gedächtnis.

Topfspiel

Stellen Sie viele verschiedene Töpfe, Gefäße, Dosen mit Deckeln auf. Die Deckel werden abgenommen, gemischt und das Kind muss nun raten, welcher Deckel zu welchem Topf gehört. Zuerst nur mit den Augen abschätzen, dann probieren, ob es stimmt.

Linsenspaß

Mit bunten Schokolinsen lässt sich gut spielen, bevor sie vernascht werden. Die Kinder können sie nach Farben sortieren oder die entsprechende Farbe auf Kommando hochhalten.

Tore schießen

Bauen Sie Tore aus alten Kartons oder stellen Sie Schachteln auf, in die die Kinder kleine Bälle, Kastanien, Nüsse oder Murmeln hineinwerfen müssen.

Bildergalerie

Gehen Sie mit Ihren Kindern einmal in eine Ausstellung, Kunst-galerie oder Museum. Nehmen Sie sich am besten nur ein oder zwei bestimmte Bilder vor, die Sie sich ganz genau anschauen. Lassen Sie die Kinder dazu erzählen, suchen Sie gemeinsam versteckte Details.

Ich sehe was, was du nicht siehst

Ein Mitspieler beschreibt einen sichtbaren Gegenstand, in dem er sagt: »Ich sehe was, was du nicht siehst, und das ist rot.« Wer zuerst herausgefunden hat, um was es sich handelt, darf sich den nächsten Gegenstand aussuchen. Beschreibungsmerkmale können neben der Farbe auch Form und Größe sein.

Das ist mein Stein

Von einem Spaziergang bringt sich jedes Kind einen Stein mit, der ihm besonders gut gefällt. Diesen Stein müssen die Kinder nun sehr genau betrachten, damit sie sich seine Merkmale gut einprägen können. Nun werden alle Steine auf den Tisch gelegt und gemischt. Jedes Kind muss nun seinen Stein herausfinden.

Was liegt unter dem Tuch?

Mehrere Gegenstände (drei bis vier) werden unter einem Tuch versteckt. Das Tuch wird für einen kurzen Moment weggezogen und die Kinder müssen sich die Gegenstände gut merken. Was für Gegenstände waren es?

Veränderungsspiel

Mehrere Gegenstände liegen in einer ganz bestimmten Anordnung auf dem Tisch. Ein Kind schaut sich die Gegenstände ganz genau an und versucht, sich die Anordnung zu merken. Dann dreht es sich um und der Erwachsene tauscht zwei Gegenstände aus, nimmt einen weg oder fügt noch einen neuen hinzu. Nun darf sich das Kind umdrehen und soll herausfinden, was sich verändert hat. Hat es die richtige Lösung gefunden, darf es beim nächsten Durchgang selbst die Veränderung vornehmen.

Wer fehlt?

Die Kinder sitzen im Kreis. Ein Kind wird hinausgeschickt. Zwei Kinder tauschen den Platz oder eines versteckt sich im Raum. Das hinausgeschickte Kind muss raten, wer fehlt oder wer die Plätze getauscht hat.

Wie viel?

Die Kinder stehen im Kreis und betrachten sich ganz genau. Nun schließen Sie die Augen und der Erwachsene fragt: »Wie viel Kinder tragen einen roten Pullover?« (Oder weiße Turnschuhe, Brillen, Röcke etc.) Mit geschlossenen Augen müssen die Fragen beantwortet werden.

Partnerspiel

Zwei Kinder stehen sich gegenüber und betrachten sich genau. Was hat das andere Kind an? Trägt es Schmuck, eine Uhr etc. und wo? Dann drehen sich beide um und verändern drei Dinge an ihrem Äußeren, z.B. die Uhr abnehmen, den einen Ärmel hochziehen, ein Hosenbein hochziehen, etwas an der Frisur ändern etc.

Zublinzeln

Die Hälfte der Gruppe sitzt im Stuhlkreis, die andere Hälfte steht jeweils hinter einem Stuhl. Nur ein Stuhl bleibt frei. Das dahinter stehende Kind blinzelt nun unauffällig einem sitzenden Kind zu. Dieses läuft schnell zu dem freien Stuhl und setzt sich hin. Nun blinzelt das Kind mit dem leeren Stuhl einem neuen Partner zu. Wenn das hinter dem Stuhl stehende Kind bemerkt, dass seinem Partner zugeblinzelt wird, darf es ihn blitzschnell festhalten, ansonsten müssen die Arme immer hinter dem Rücken gehalten werden.

Projekt Auge

Die Kinder können sich gegenseitig in die Augen schauen und sie genau betrachten und beschreiben. Nehmen Sie Abbildungen zu Hilfe und erklären Sie auf einfache Weise die Funktion des Auges. Sie können Lupen verwenden, um das Auge genauer zu betrachten und schließlich auch die Augen der Kinder mit Wasserfarben malen, in möglichst richtiger Farbe.

Projekt Vergrößerungsglas

Gehen Sie mit den Kindern und Vergrößerungsgläsern, Lupen oder Mikroskopen auf Entdeckungsreise. Gräser, Blätter und Insekten sehen plötzlich ganz anders aus.

Spiele für den Geschmackssinn

Kleine Kinder stecken zunächst einmal alles in den Mund. Das ist ihre Art, um die Welt zu erobern und die vielen Dinge darin kennen zu lernen. Auch Erde und Sand werden anfangs mit dem Mund erforscht. Manche Kinder haben von klein auf eine ausgeprägte Vorliebe für ganz bestimmte Geschmacksrichtungen. Mit dem Geschmackssinn zu experimentieren ist mit Kindern gar nicht so einfach. Oft kommt außer Pommes und Spaghetti ohnehin nichts infrage. Als Ausgleich zu den künstlichen Aromastoffen in industriell verarbeiteten Lebensmittel wäre eine Sensibilisierung des Geschmackssinns sehr zu begrüßen.

Obstsalat

Schneiden Sie verschiedene Früchte wie Äpfel, Birnen, Bananen, Pfirsiche in kleine Stücke und geben Sie alles in eine Schüssel. Die Kinder probieren nun mit verbundenen Augen nacheinander ein Stück und erraten die Obstsorte. Schwieriger wird es, wenn die Obstsorte am Duft erkannt werden soll.

Was ist das?

Bereiten Sie drei verschiedene Milchmixgetränke vor und lassen Sie die Kinder mit verbundenen Augen davon probieren. Was für eine Frucht ist da drin? Das Ganze kann auch mit reinen Frucht- oder Gemüsesäften gespielt werden.

Joghurtproduktion

Mischen Sie kleine Portionen mit unterschiedlichen Zutaten, wie Salz, Pfeffer, Knoblauch, Essig, Zucker, Zimt, Honig, Rosinen oder Marmelade. Auf diese Weise lernen Kinder die Geschmacksrichtungen süß, süßsauer, salzig und scharf kennen.

Brausepulverspaß

Brausepulver aus der Hand lecken ist ein ganz besonderes sinnliches Vergnügen. Oder einen Teelöffel voll in den Mund nehmen und im Spiegel zuschauen, wie es schäumt und zischt.

Geschmackstest

Stellen Sie kleine Häppchen mit Äpfeln, Birnen, Käse, Gurken, Nüssen bereit, decken Sie die Häppchen ab, damit die Kinder sie nicht sehen, und lassen Sie sie mit verbundenen Augen raten. Was schmeckt süß, sauer, salzig? Was könnte es sein?

Tee-Variationen

Bereiten Sie gemeinsam mit den Kindern verschiedene Tees zu, wie Pfeffermine, Zitrone, Lindenblüten, Zitronenmelisse etc. Nach dem Abkühlen die Kinder mit verbundenen Augen probieren lassen.

Feste und Spezialitätenwochen

In manchen Städten gibt es gelegentlich eine »Italienische« oder »Französische Woche« oder andere Spezialitäten- und Schwerpunktwochen. Nutzen Sie diese Gelegenheit, um sich mit Ihren Kindern umzuschauen und gemeinsam ein typisches Gericht herzustellen. Aber auch Straßenfeste bieten oftmals eine Fülle an ausländischen Leckereien.

Rosinen zählen

Legen Sie Ihrem Kind zwei oder drei Rosinen auf die Zunge. Kann es erraten, wie viele es sind?

Spiele für den Geruchssinn

Beim Experimentieren mit dem Geruchssinn darf die Nase nicht überanstrengt werden. Die Duftmoleküle bleiben noch eine ganze Weile in der Nasenschleimhaut haften, auch wenn die Duftquelle nicht mehr vorhanden ist. Duftvergleiche müssen also kurz sein und es sollten immer Pausen zwischen den einzelnen Spielen sein. Experimentieren Sie mit einer Duftlampe und verschiedenen ätherischen Ölen. Erklären Sie den Kindern die Wirkungsweise der Öle. Sorgen Sie für Düfte im Haus, besonders bei regelmäßig wiederkehrenden Festen und Feiern wie Geburtstag, Ostern, Adventszeit und Weihnachten. Die Erinnerung an die Düfte unserer Kindheit werden tief eingeprägt und verbinden sich mit Gefühlen der Geborgenheit und des Wohlbefindens. Hat das Haus während der Adventszeit nach Zimt, Nelken, Orangen und Muskat geduftet, dann werden unsere Erinnerungen auch als Erwachsene augenblicklich wieder lebendig.

Spürhund

Im Raum wird eine stark riechende Duftquelle versteckt. Das kann eine stark duftende Seife, eine Duftlampe oder ein in ätherischem Öl getränkter Wattebausch sein. Die Kinder sind nun die Spürhunde und krabbeln durch den Raum, um die Duftquelle aufzuspüren.

Parfümspiel

Besorgen Sie sich in der Parfümerie einige kleine Parfümproben. Die Fläschchen werden nebeneinander aufgereiht. Ein Wattebausch wird mit einem der Parfüms getränkt. Das Kind soll nun herausfinden, aus welchem Fläschchen der Duft stammt.

Duft-Memory

In kleine einheitliche Gläser oder leere Filmdosen werden Gerüche »gegeben«, z.B. Kaffeepulver, Essig, Kräuter oder Wattebäusche mit Parfüm, Rasierwasser und Duftöl. Jeder Geruch muss zweimal vorhanden sein. Die Mitspieler versuchen nun mit verbundenen Augen die Paare zu finden.

Kräuterbeet anlegen

Legen Sie mit Ihren Kindern ein kleines Kräuterbeet an oder, wenn das nicht geht, ziehen Sie gemeinsam mit den Kindern Kräuter in Töpfen groß. Pfefferminze, Salbei, Thymian und Zitronenmelisse haben ihren unverkennbaren Duft.

Schnupperspaziergang

Unternehmen Sie mit Ihren Kindern doch einmal einen Schnupperspaziergang in den Wald. Da riecht es nach Laub, Erde, Harz, frisch geschlagenem Holz oder Pilzen. Aber auch ein Schnupperspaziergang in der Stadt ist ein Erlebnis. Da gibt es Bäckereien, Metzgereien, Parfümerien, Teeläden, Imbissbuden, Fischgeschäfte, Blumenläden, aber auch Abgase und Mülltonnen.

Familientee

Gehen Sie mit Ihren Kindern in einen Teeladen und lassen Sie sie die verschiedenen Teesorten beschnuppern und selbst eine Mischung zusammenstellen.

Selbst gebasteltes Spielzeug für die Sinne

Es gibt einige Spielzeuge zur Sinnesförderung zu kaufen. Der Spielwert ist oft nicht besonders hoch und das Spielzeug ist teuer. Viel mehr Spaß macht es, wenn die Erwachsenen gemeinsam mit den Kindern etwas selber basteln.

Tastkarten

Bekleben Sie Pappkarten mit verschiedenen, aus grobem Sandpapier ausgeschnittenen Formen wie Kreise, Dreiecke oder Vierecke, jeweils zwei Karten einer Form. Mit verbundenen Augen müssen die Kinder die Paare ertasten. Sie können aber auch die Kärtchen paarweise mit verschiedenem Material wie Watte, Samt, Strickstoff, Schaumgummi, Kork oder Leder bekleben.

Tastsäckchen

Nähen Sie kleine Stoffsäckchen in verschiedenen Farben. Damit kann man viele Tastspiele spielen. Verstecken Sie einige Gegenstände in den Säckchen und lassen Sie die Kinder durch Betasten raten, welche Gegenstände es sind.

Geräuschdosen

Sie sind schnell hergestellt. Füllen Sie Dosen, Schachteln oder Gläser mit verschiedenen Materialien wie Trockenerbsen, Kies, Reis, kleine Holzwürfel, Kronkorken u.Ä. Wenn Sie von jeder Geräuschdose zwei gleiche herstellen, können Sie Geräusch-Memory spielen.

Puzzlespiele

Sie sind ebenfalls sehr leicht herzustellen. Kleben Sie Kalenderblätter, Ansichtskarten oder passende Motive aus Zeitschriften auf Karton. Haltbarer sind die Puzzles, wenn Sie sie mit durchsichtiger Klebefolie überziehen. Zerschneiden Sie die Spiele sorgfältig in mehrere Teile. Die Anzahl der Teile sollte abhängig vom Alter der Kinder sein.

Geräuschrohre

Kleben Sie lange Papprollen (z.B. von Haushaltspapier) an einem Ende zu. Füllen Sie die Rollen mit Reis, Trockenerbsen oder kleinen Steinen und verschließen Sie auch das andere Ende. Wenn man die Rollen nun hin und her schwenkt, entstehen verschiedene Raschelgeräusche.

Pappmaschee

Zeitungspapier oder Eierkartons werden in kleine Stücke gerissen und in Wasser eingeweicht. Lassen Sie die Masse einige Tage quellen. Geben Sie dickflüssigen Tapetenkleister hinzu, bis sich die Masse gut kneten und formen lässt.

Die Förderung der Sinneswahrnehmungen ist keine einmalige, tägliche Aktion, sondern sie begleitet uns unser ganzes Leben lang und kann nicht einfach abgehakt werden. Der Alltag ist voller verschiedener Gerüche, Sehenswürdigkeiten, Laute und Geräusche. Wir sollten sie bewusster wahrnehmen, unsere Sinnesorgane sensibilisieren und diese Fähigkeit auch an unsere Kinder weitergeben. Das Leben wird dadurch nicht nur bewusster, sondern auch reicher und beglückender.

Richard Lewis

Leben
heißt Staunen

ESSAY

Von der imaginativen Kraft
der Kindheit

BELTZ
Taschenbuch

Magie der
Kindheit

Viel zu oft wird die reichhaltige Phantasie und intellektuelle Erfindungsgabe von Kindern nur als vorübergehende Erscheinung angesehen, die keinen oder nur wenig Bezug zum späteren Lernen hat. Richard Lewis dagegen zeigt mit Texten, Gedichten und dem Spielen von Grundschulkindern auf, wie deren imaginative Fähigkeiten den eigentlichen Antrieb für jegliches Lernen bilden. Fern davon, »nutzlos« zu sein, stellen sie die reichhaltigste Quelle jener Welterfahrung dar, an die jeder Unterricht anknüpfen kann. Darüber hinaus spiegelt das kindliche Denken, wie es in diesem Buch auf wunderbare Weise zum Ausdruck kommt, Werte, die uns als Erwachsenen und unserer Kultur im weitesten Sinne verlieren zu gehen drohen.

»Irgendwo in der Kindheit wurden wir zu Wurzelgräbern, die den Dingen auf den Grund gehen wollten, begabt mit der Fähigkeit, aus dem Reich des Unbekannten wieder an die Oberfläche nachvollziehbarer Tatsachen zurückzugelangen.«

Richard Lewis
Leben heißt Staunen
Von der imaginativen Kraft der Kindheit
Beltz Taschenbuch 2, 144 Seiten
ISBN 3 407 22002 2

BELTZ
Taschenbuch

Menschliche Entwicklung verstehen

Friedrich Pohlmann

Die soziale Geburt des Menschen

PSYCHOLOGIE

Einführung in die Anthropologie und
Sozialpsychologie der frühen Kindheit

BELTZ
Taschenbuch

Wie entwickelt der Säugling erste spezifisch humane Eigenschaften? Welches sind die Bedingungen seiner kognitiven Entwicklung? Welche Zusammenhänge bestehen zwischen Körperintelligenz, Sprache, Denken und Selbstbewusstsein?

Friedrich Pohlmann bietet eine fachübergreifende und vieldimensionale Analyse der »sozialen Geburt« des Menschen und weist an vielen Beispielen nach, dass soziale Austauschprozesse nicht nur über die Entstehung menschlicher Grundkompetenzen entscheiden, sondern auch über deren Ausdifferenzierung und Vielseitigkeit.

Friedrich Pohlmann
Die soziale Geburt des Menschen
Einführung in die Anthropologie und
Sozialpsychologie der frühen Kindheit
Beltz Taschenbuch 61, 160 Seiten
ISBN 3 407 22061 8

BELTZ
Taschenbuch

Spielen, Singen, Beschäftigen

Ingrid Gottstein

Ram sam sam und Pimpelchen

Spielen, Singen und Gestalten mit Kleinkindern

BELTZ
Taschenbuch

Die Lernerfahrungen, die das Kind in seinen ersten Lebensjahren sammelt, hängen wesentlich von den Impulsen ab, die es durch ein spiel- und kinderfreundliches Umfeld erhält. Die Spiel-, Sing- und Beschäftigungsangebote in diesem Buch werden durch einfache Grundformen und einen klaren Aufbau den Bedürfnissen des Kleinkindes in besonderer Weise gerecht – der Spaß am Tätigsein wird erhöht. 111 abwechslungsreiche Beschäftigungsangebote mit genauen Materialangaben, Noten und Spielanleitungen zum Ausprobieren und variieren füllen diesen Werkzeugkasten und helfen, die Neugier des Kleinkindes zu wecken und ihm viele Ausdrucksmöglichkeiten zu verschaffen. Ein nützlicher Begleiter für alle, die mit Kleinkindern leben, spielen und arbeiten.

Ingrid Gottstein
Ram sam sam und Pimpelchen
Spielen, Singen und Gestalten mit Kleinkindern
Illustrationen von Barbara Hömberg
Herausgegeben von Peter Thiesen
Beltz Taschenbuch 55, 176 Seiten
ISBN 3 407 22055 3

BELTZ
Taschenbuch

Hüpfen – toben – tummeln

Peter Thiesen

Himmel, Hölle & Co

Die schönsten Hof-Platz-Straßen-
Garten-Wiesen-Spiele für Kindergarten,
Schule und Familie

BELTZ
Taschenbuch

**Ein »Werkzeugkasten« mit 225 Hüpf-
und Hinkespielen, Lauf-, Ball-, Murmel-,
Fang- und Wasserspielen,** die sich ohne
großen Aufwand und mit einfachen
Mitteln durchführen lassen. Kinder
wollen sich bewegen, austoben, verschiedene Spielräume erkunden. Bewe-
gungsspiele im Freien entsprechen diesem kindlichen Bedürfnis nach
Aktivität, ermöglichen lustvolle Bewegungserfahrungen und sind
»Medizin« für motorisch unruhige, haltungsschwache oder gehemmte
Kinder.

»... eine wahre Fundgrube, aus vielerlei Gründen empfehlenswert.
Ein kleiner, hilfreicher Werkzeugkasten will das Buch sein und tatsächlich –
hier ist kein Werkzeug zuviel und keines zu wenig, und jedes liegt
am richtigen Platz.«   *kindergarten heute*

Peter Thiesen
Himmel, Hölle & Co
Die schönsten Hof-Platz-Straßen-Garten-
Wiesenspiele für Kindergarten, Schule und Familie
Mit Illustrationen von Barbara Hömberg
Beltz Taschenbuch 11, 104 Seiten
ISBN 3 407 22011 1
Originalausgabe

BELTZ
Taschenbuch